TGCR

『十三五』国家重点出版物出版规划项目

长江三峡工程文物保护项目 报告 乙种 第四十三号

重庆市文物局 重庆市水利局 主编

万州糖坊墓群

山东博物馆
山东省文物考古研究院
重庆市万州区博物馆 编著

科学出版社

内 容 简 介

糖坊墓群位于重庆市万州区五桥陈家坝办事处晒网村，2001年、2002年和2005年，山东博物馆、山东省文物考古研究院组成考古队，发掘面积8100平方米，发现墓葬38座，共出土各类文物1000余件（套）。

这批墓葬埋藏有序，时代承续，保存较好，为重庆三峡地区保存较好的汉代至六朝家族墓地，墓葬形制多样而统一，随葬品丰富，为研究峡江地区汉代至六朝的埋葬制度以及社会习俗提供了宝贵资料。

本书可供考古学、历史学等学科研究者，以及高等院校相关专业师生和广大文物考古爱好者阅读、参考。

图书在版编目（CIP）数据

万州糖坊墓群 / 山东博物馆，山东省文物考古研究院，重庆市万州区博物馆编著.—北京：科学出版社，2023.8
（长江三峡工程文物保护项目报告.乙种第四十三号）
"十三五"国家重点出版物出版规划项目
ISBN 978-7-03-076122-4

Ⅰ.①万… Ⅱ.①山… ②山… ③重… Ⅲ.①墓群–发掘报告–万州区 Ⅳ.①K878.85

中国国家版本馆CIP数据核字（2023）第149513号

责任编辑：李 茜 郝莎莎 / 责任校对：邹慧卿
责任印制：肖 兴 / 封面设计：陈 敬

科学出版社 出版
北京东黄城根北街 16 号
邮政编码：100717
http://www.sciencep.com
北京中科印刷有限公司 印刷
科学出版社发行 各地新华书店经销

*

2023年8月第 一 版 开本：880×1230 1/16
2023年8月第一次印刷 印张：7 3/4 插页：38
字数：400 000

定价：280.00元
（如有印装质量问题，我社负责调换）

"13th Five-Year Plan" National Key Publications Publishing and Planning Project

Reports on the Cultural Relics Conservation
in the Three Gorges Dam Project
B(site report) Vol.43

Cultural Relics and Heritage Bureau of Chongqing
Chongqing Water Resources Bureau

Tangfang Cemetery in Wanzhou District

Shandong Museum
Shandong Provincial Institute of Cultural Relics and Archaeology
Wanzhou District Museum of Chongqing

Science Press

长江三峡工程文物保护项目报告

重 庆 库 区 编 委 会

冉华章　江　夏　幸　军　任丽娟　王川平　程武彦　刘豫川

重庆市人民政府三峡文物保护专家顾问组

张　柏　谢辰生　吕济民　黄景略　黄克忠　苏东海　徐光冀

刘曙光　夏正楷　庄孔韶　王川平　李　季　张　威　高　星

长江三峡工程文物保护项目报告

乙种第四十三号

《万州糖坊墓群》

主　　任：刘延常

副 主 任：卢朝辉　张德群　王勇军　高　震

委　　员（以姓氏笔画为序）：

　　　　　于　芹　于秋伟　卫松涛　马瑞文　王　霞　王海玉

　　　　　庄英博　孙承凯　李小涛　姜慧梅　徐文辰

主　　编：朱　华　于秋伟　刘梦雨

副 主 编：李大营　杨　波　常兴照　肖贵田　禚柏红

编　　辑：宋爱平　王冬梅　管东华　黄彤君　王　玙

绘　　图：朱　华　刘梦雨

摄　　影：于秋伟

项目承担单位

山东博物馆

山东省文物考古研究院

重庆市万州区博物馆

目　　录

插 图 目 录

图 版 目 录

第一章　地理位置

　　糖坊墓群位于重庆市万州区五桥陈家坝办事处晒网村，地处长江南岸，西距万州市区约10千米。位于东经108°26′30″，北纬30°34′13″，海拔135～152米。整个墓群北临长江，东、西两面傍小河，南倚山峦，是一处平坦的坪坝，因渔民常在此晒渔网，且坝子又像一张撒开的网，故又叫作晒网坝。坝子呈东西狭长形，1995年南京大学考古系在此地进行考古调查，发现墓葬砖等遗物，根据此地老百姓传说曾有制糖的糖坊，因此命名为糖坊遗址（图一；图版一、图版二）。

　　晒网坝上原有晒网村，村民居住较为分散，种植了成片的柑橘树，因为三峡大坝的修建，村民整体搬迁到山里的大河坝，考古队进驻的时候村里村民陆续搬迁，空闲的民房成为考古队驻地，还没有搬迁的村民成为考古发掘的主力，首先要向为三峡大坝搬迁的朴实的重庆村民致敬，他们作出了非常大的牺牲；其次，要衷心感谢重庆市文化局、万州三峡博物馆的同仁们，他们为来自遥远异乡的考古队提供了无私的帮助，圆满完成了考古发掘任务。

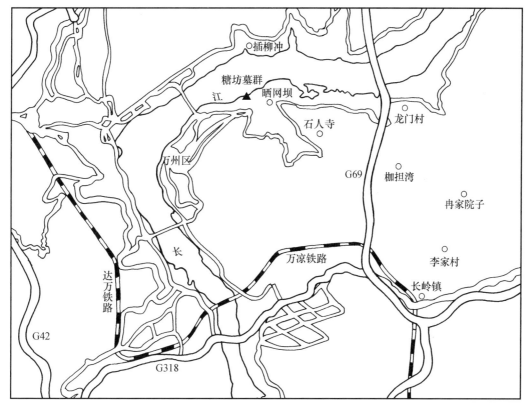

图一　地理位置示意图

第二章　发掘经过

为配合三峡水利工程建设，2001年、2002年和2005年，山东博物馆、山东省文物考古研究院、滕州市博物馆联合组成考古队，领队王守功，执行领队李大营（2004年后为杨波），副领队于秋伟、肖贵田、褚柏红，成员包括王元平、孙柱才、苏昭秀、魏慎玉、杨爱国、杨三军、杨三辰、魏慎军、李猛等人。2001年发掘面积2500平方米，发现墓葬16座；2002年发掘面积2400平方米，发掘现墓葬10座；2005年发掘面积3200平方米，发现墓葬12座，共计发掘面积8100平方米，共发现墓葬38座，另外还有陶窑2座（图二），获得了一批重要的文物考古资料，也为重庆三峡博物馆和万州区博物馆增添了许多珍贵的展品。

如此广阔的面积仅仅依靠考古队是无法完成的，当地的村民给予了我们非常大的帮助，这里民风淳朴，村民很快和考古队成为了好朋友，到第二次发掘时就形成了核心队伍，不仅承担民工的工作，还能分担技工的工作，考古队亲切地称呼他们为嫡系部队，至今还记得他们很多人的名字：肖永贵、熊道生、肖永会、何兰……数量达到20多人，为我们的考古工作提供了有力的支撑。还要特别感谢万州区博物馆周启荣同志，他不仅脾气好，常年驻守工地，而且富有和村民打交道的经验，为工作的顺利开展提供了保障，考古工地还获得过国家文物局专家验收组的表扬。

考古工作是艰苦的，空地很少，除了民居，就是种植的柑橘树，工作只能见缝插针地进行，柑橘对北方人来说是稀罕物，大家等不到柑橘红就吃得牙倒胃酸，从此再没有人去碰。重庆的冬天阴冷多雨，工作无法进行，后来在老乡的指导下搭起了棚子，工作终于顺利起来。发掘区和驻地相隔很远，路上泥泞难行，又专门买了防滑的绿帆布鞋，一身打扮像极了重庆山城常见的棒棒军，现在想起来还是不禁莞尔。还要适应的是饮食，重庆饮食以麻辣为主，主食为米饭，让我们考古队北方的胃受尽折磨，幸运的是肖永会的到来改变了这一切，我们从此不再为饮食发愁了。

如今的晒网坝已然随着三峡大坝蓄水而沉入长江，只有枯水年份才能见到，就像我们考古队员的青春岁月，一去不返，只有在梦里回想起来，想回万州，回大河坝，看一下老乡们，顺带找寻一下失落的青春。

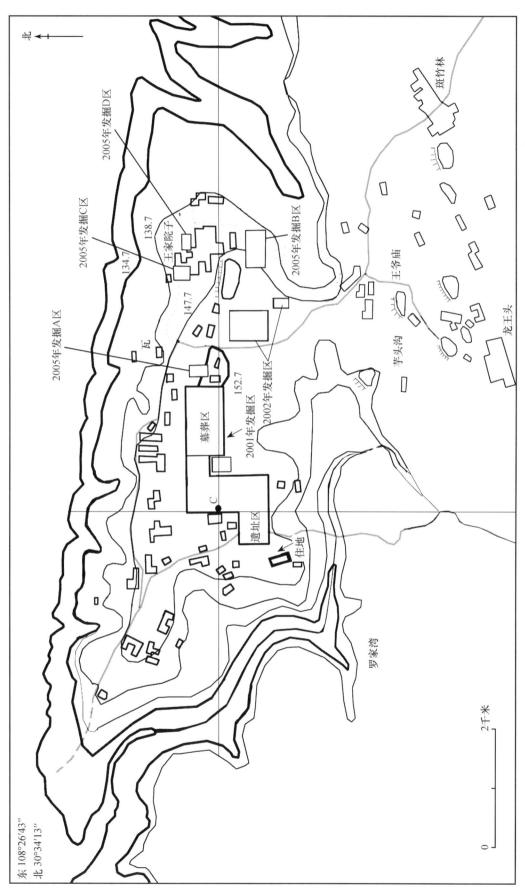

图二 发掘区位置图

第三章　墓葬形制和出土器物

在发掘墓葬中，以汉代墓葬数量最多，分布也最为广泛。汉代墓葬中，东汉墓数量较多，均为砖（石）室墓，墓葬形制有刀形、"凸"字形、长方形等。仅发现一座蜀汉砖室墓。六朝墓葬也较多，均为砖室墓，墓葬形制有"凸"字形和长方形等。

报告采取时代顺序编写，同为一个时代的区分墓葬形制，随葬品采用选取标本的办法，因为是汉墓，故不再分型式，标本选取遵循不同样式尽量选取的方针。

下面将汉代和六朝墓葬按照墓葬形制和出土器物介绍如下：

墓葬编号采用原编号，就是年份+字母缩写+墓葬编号的形式，其中字母缩写第一位为"C"，代表重庆市，第二位为"W"，代表万州区，第三位"T"代表糖坊墓群，这次考古报告不再重新编号。

一、东汉墓

共发现14座。其中砖室墓12座，石室墓2座。东汉墓形制特征与六朝墓差别不大，主要是墓砖的区别。二者之间的差异主要体现在墓葬习俗上，东汉墓多为家族合葬墓，砖室墓多次打开，墓室中按照分区放置多对夫妻，甚至甬道中也放置，随葬品按照墓主人的位置分别摆放，导致墓葬随葬品非常丰富，最多的甚至连下脚的地方也没有。这种埋葬方式也成为峡江地区东汉墓的重要特点。

（一）砖室墓

1. 2001CWTM1

位于发掘区的西南，墓向170°。

（1）墓葬形制

砖石墓，平面呈刀形，墓葬由甬道和墓室组成，总长5.26米。甬道长2.14、宽1.84米；墓室为横长方形，长3.12、宽3.5米。墓葬保存尚好，有的地方还保留了起券的弧壁，现存最高高度为1.28米（图三）。墓底以整砖及半块的碎砖铺设，排列较为整齐。墓内仅见子母口券砖，砖长约40、宽18、厚8厘米。券砖又分长方形和楔形两种。砖纹为菱形纹。

（2）葬具葬式

在墓室的东侧发现了3具头骨，肢骨较多，但十分零乱，看不出人体形状；另外，在清理的过程中发现许多细小的骨头，似是家禽类动物骨骼。

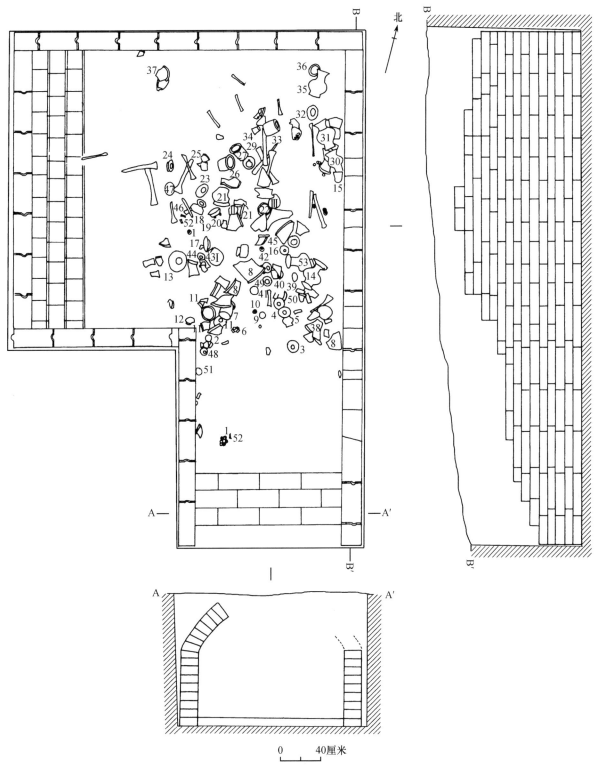

图三　2001CWTM1平、剖面图

1. 铜钱　2、4、5、7、11～13、15、26、27、33、40、41、44、50、51.陶罐　3、6、9、23、29、32、36、39、45、47.陶钵
8、21.陶盆　10、38、42.陶甑　14、30、31、35、53.陶壶　16.陶灯　17、22、37、49.陶器盖　18、25.陶熏炉　19.陶鼎
20.陶盘　24.陶盂　28、48.陶魁　34、43.陶杯　46.铁器　52.耳珰

（3）出土器物

共出土器物52件。主要集中在墓室的入口处，其中陶器46件、琉璃耳珰3枚。

1）陶器　46件。

罐　9件。均为泥质陶。2001CWTM1：2，敞口，方唇，颈部内束，鼓腹，平底。口径8.8、腹径8.9、底径4.8、高5.8厘米（图四，1；图版三，1）。2001CWTM1：4，圆唇，折沿，束颈，鼓腹，平底。口径9、腹径10.5、底径4.8、高6厘米（图四，2；图版三，2）。2001CWTM1：15，敞口，圆唇，折沿，束颈，鼓腹，平底。口径9.2、腹径9.9、底径4.8、高5.8厘米（图四，3；图版三，3）。2001CWTM1：41，直口，尖唇，溜肩，鼓腹，下腹斜收，下腹有弦纹，平底。口径7.2、腹径10.6、底径6、高6.2厘米（图四，4；图版三，4）。2001CWTM1：51，直口，方唇，卷沿，溜肩，鼓腹，下腹斜收，平底。口径6.8、腹径9.2、底径6、高5.2厘米。2001CWTM1：5，直口，方唇，卷沿，溜肩，折腹，下腹斜收，平底。口径6.8、腹径9.8、腹径9.2、底径5、高4.6厘米。2001CWTM1：12，侈口，方唇，短颈，溜肩，折腹，下腹斜收，平底。口径9.2、腹径11.2、底径5.2、高6.8厘米。2001CWTM1：44，侈口，方唇，短颈，溜肩，折腹，下腹斜收，平底。口径7.2、腹径9.8、底径4.4、高5.8厘米。2001CWTM1：11，圆唇，卷沿，溜肩，尖圆腹，平底。口径8、腹径11.2、底径5.2、高5.7厘米。

钵　10件。均为泥质红陶。标本2001CWTM1：29，敞口，平折沿，深腹，腹壁较直，下腹内收，平底。腹饰一道凸弦纹。口径13.2、底径5.6、高11.2厘米（图四，5；图版三，5）。标本2001CWTM1：32，敞口，平折沿，弧腹，圜底。口径13.6、高4.6厘米（图四，6；图版三，6）。2001CWTM1：39，敞口，平折沿，腹部微鼓，平底。腹饰两道凹弦纹。口径10.4、底径5.2、高4.32厘米（图四，7；图版四，1）。标本2001CWTM1：47，敞口，卷沿，斜腹，平底。口径11.6、底径5.6、高4.3厘米。标本2001CWTM1：45，敞口，平沿，圆唇，上腹稍直，下腹内收，平底。口径11.2、底径4.8、高4.5厘米。标本2001CWTM1：36，敞口，平折沿，斜腹，平底。腹饰一道凹弦纹。口径14.8、底径4、高9.2厘米。标本2001CWTM1：3，卷沿，侈口，平底。口径11.2、底径5、高3.8厘米。

平底罐　7件。均为夹砂灰陶。标本2001CWTM1：13，圆唇，直口，圆肩，鼓腹，下腹内收，平底。口径4.4、腹径10、底径6.8、高7厘米（图四，8；图版四，2）。标本2001CWTM1：26，尖唇，敛口，筒形腹，腹微鼓，平底。腹饰两道凹弦纹。口径8.8、腹径12.9、底径10、高13.4厘米（图四，9；图版四，3）。标本2001CWTM1：50，尖唇，直口，卷沿，斜直腹，平底。腹饰一道凹弦纹。口径8.8、腹径10、底径6.8、高9.5厘米（图四，10；图版四，4）。标本2001CWTM1：7，卷沿，敞口，筒形腹，平底。腹饰一道凹弦纹。口径9.2、腹径12.4、底径9.2、高13厘米。标本2001CWTM1：27，尖唇，子母口，筒形腹，腹微鼓，平底。腹饰一道凹弦纹。口径9.2、腹径12.8、底径9.2、高23.4厘米。

壶　5件。均为泥质红陶。标本2001CWTM1：14、2001CWTM1：49，侈口，平沿，圆唇，长直颈，弧肩，扁圆腹，高圈足。覆碟式盖，顶部有环形纽。腹部饰一对铺首衔环和五周凹弦纹。红胎绿釉，器表施釉多已脱落。口径16、盖径16、腹径21、底径18.4、通高37.2厘米（图四，11；图版四，5）。标本2001CWTM1：35、2001CWTM1：37，盘口呈喇叭状，平

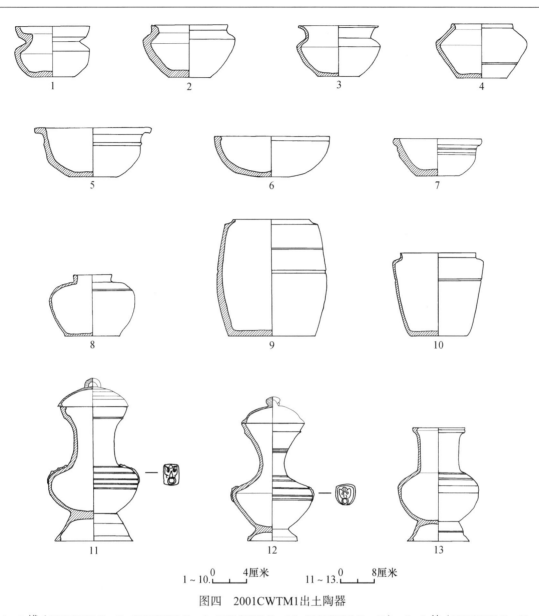

图四　2001CWTM1出土陶器

1~4.罐（2001CWTM1：2、2001CWTM1：4、2001CWTM1：15、2001CWTM1：41）　5~7.钵（2001CWTM1：29、
2001CWTM1：32、2001CWTM1：39）　8~10.平底罐（2001CWTM1：13、2001CWTM1：26、2001CWTM1：50）
11~13.壶（2001CWTM1：14、2001CWTM1：35、2001CWTM1：53）

沿，束颈，溜肩，圆鼓腹，矮圈足。覆碟式盖，上有环形纽。口沿、颈部各饰一道凸弦纹，肩、腹饰五道凹弦纹。红胎褐釉，器盖、圈足施釉已脱落。口径14.4、盖径14.8、腹径19、底径11.2、通高33.2厘米（图四，12；图版四，6）。2001CWTM1：53，平折沿，长颈，圆鼓腹，高圈足。缺盖。口沿、腹部、圈足均有凹弦纹。红胎绿釉，器表施釉多已脱落。口径12.4、腹径19.4、底径15.2、高26厘米（图四，13；图版五，1）。2001CWTM1：31，盘口，平沿，长筒颈，圆鼓腹，高圈足。覆碟式盖，上有一环形纽。口沿饰一道凹弦纹，肩、腹部饰四道凹弦纹。红胎绿釉，器表施釉多已脱落。口径16、腹径21.2、底径16.8、通高36.2厘米。

　　甑　3件。均为泥质陶。2001CWTM1：38，灰陶。敞口，尖唇，大卷沿，深腹，下腹内收，凹底。底有细密的小箅孔。口径33.2、腹径29.2、底径14.8、高18.2厘米（图五，1；图版五，2）。2001CWTM1：42，灰陶。敞口，尖唇，大卷沿，斜直腹，平底。底部有7个箅孔。口径33.6、腹径29.6、底径16、高19.6厘米（图五，2；图版五，3）。2001CWTM1：10，红陶。敞口，尖唇，折沿，鼓腹，平底。底部有小孔。口径9.2、腹径8.8、底径4.8、高4.4厘米。

杯　2件。均为泥质红陶。2001CWTM1：34，直口，平沿，斜直腹，平底。腹上有一道凹弦纹。口径8、腹径7.5、底径4.4、高8.8厘米（图五，3；图版五，4）。2001CWTM1：43，敞口，圆唇，深腹，斜直壁，平底，短柄。口径6、腹径6.1、底径4.6、高5厘米（图五，4；图版五，5）。

魁　2件。均为泥质红陶。2001CWTM1：28，敛口，圆唇，鼓腹，下腹内收，平底。把手捏制而成，器身施釉。口径5.2、底径2.8、高2.4厘米（图五，5；图版五，6）。2001CWTM1：48，敛口，圆唇，鼓腹，下腹内收，平底。把手为捏制而成。口径7.6、底径4.6、高2.7厘米（图五，6）。

熏炉　2件。均为泥质红陶。2001CWTM1：18，豆形，子母口，圆唇，浅盘，短柄，

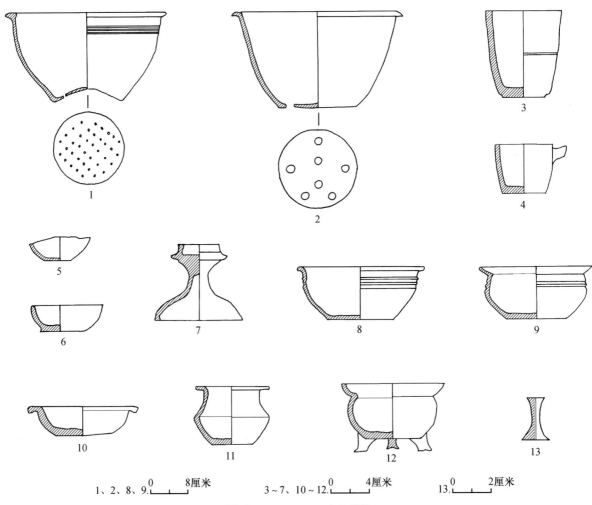

1、2、8、9. ┣━━━━━┫ 8厘米　　3~7、10~12. ┣━━━━━┫ 4厘米　　13. ┣━━━━━┫ 2厘米

图五　2001CWTM1出土器物

1、2. 陶甑（2001CWTM1：38、2001CWTM1：42）　3、4. 陶杯（2001CWTM1：34、2001CWTM1：43）　5、6. 陶魁（2001CWTM1：28、2001CWTM1：48）　7. 陶熏炉（2001CWTM1：18）　8、9. 陶盆（2001CWTM1：8、2001CWTM1：21）　10. 陶盘（2001CWTM1：20）　11. 陶盂（2001CWTM1：24）　12. 陶鼎（2001CWTM1：19）　13. 琉璃耳珰（2001CWTM1：52）

覆碗形底座。缺盖。器身施褐釉。口径4.4、底径9.2、高7.8厘米（图五，7；图版六，1）。
2001CWTM1：25，豆形，子母口，圆唇，弧腹，喇叭形柄，覆碗形底座。缺盖。红胎绿釉，
器表施釉处已脱落。口径7.2、底径10.8、高9厘米。

盆　2件。均为泥质陶。2001CWTM1：8，泥质灰陶。敞口，卷沿，深腹，下腹内收，平
底。腹饰三道凸弦纹。口径25.6、腹径23.7、底径13.6、高10.8厘米（图五，8；图版六，2）。
2001CWTM1：21，泥质褐陶。敞口，平折沿，短束颈，鼓肩，斜腹，平底。腹饰两道凹弦
纹。口径13.2、腹径21.1、底径12、高10.8厘米（图五，9；图版六，3）。

盘　1件。2001CWTM1：20，泥质红陶。大敞口，宽平沿，浅腹，平底。口径11.2、腹径
8.8、底径5.6、高3厘米（图五，10；图版六，4）。

盂　1件。2001CWTM1：24，泥质红陶。大敞口，宽平沿，方唇，短颈，折腹，平底。口
径8、腹径8、底径4.4、高6厘米（图五，11；图版六，5）。

鼎　1件。2001CWTM1：19，泥质红陶。侈口，圆唇，折沿，束颈，扁圆腹，圜底近平。
三蹄足外撇。红胎绿釉，施釉处多脱落。口径10.8、腹径9.2、底径5.6、高7.1厘米（图五，
12；图版六，6）。

灯　1件。2001CWTM1：16，泥质红陶。平沿，盘深，矮圈足。口径9.2、底径6、高7.2
厘米。

2）饰品　3枚。

琉璃耳珰　3枚。标本2001CWTM1：52，作亚腰状，中间有细小的穿孔。口径0.9、底径
1.4、高2.15厘米（图五，13）。

2. 2001CWTM2

位于发掘区的中部偏北，墓向350°。

（1）墓葬形制

砖室墓，平面呈刀形，甬道的券顶十分完好，墓室券顶已破坏，但下部保存较好，墓室
现存最高高度为1.82米。墓底以整砖铺设，排列较为整齐。墓葬由甬道和墓室组成，总长5.16
米。甬道长2.44、宽1.9米。墓室为横长方形，长2.8、宽4.36米。墓内有条砖和子母口券砖两
种，砖长40、宽18、厚8厘米。券砖又分长方形和楔形两种。砖纹为连续菱形纹（图六）。

（2）葬具葬式

在墓室的西南清理出了2具人骨朽痕，其他部位也发现了零散的肢骨，从出土的两对耳珰
看，至少埋葬了2具人骨。

（3）出土器物

共出土器物70件。主要集中在甬道和墓室的入口处，其中陶器62件，琉璃耳珰4枚，银指
环1枚，铁器3件。

1）陶器　62件。

钵　13件。均为泥质红陶。标本2001CWTM2：12，敞口，平折沿，斜腹，平底。口径
11.2、底径5.2、高4.6厘米（图七，1；图版七，1）。标本2001CWTM2：20，敞口，平折沿，

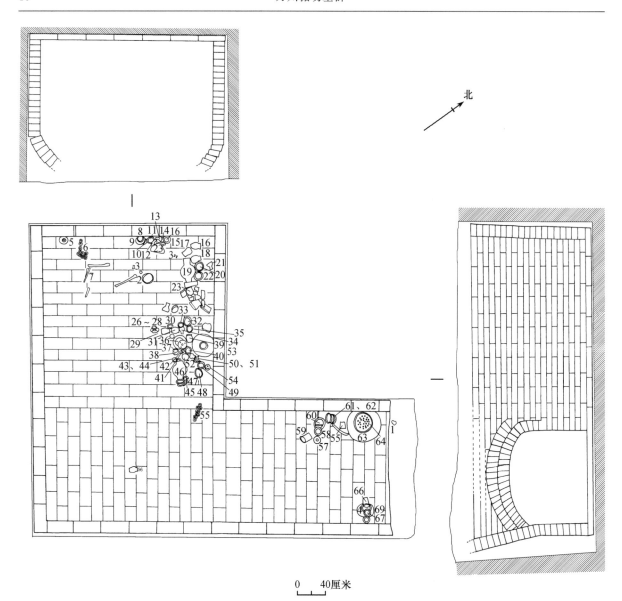

图六　2001CWTM2平、剖面图

1. 铁舌　2. 银指环　3. 琉璃耳珰（4枚）　4、16～18、23、27、29、31、35、37、39、40、45、47、53、56、60、65、66. 陶罐
5、9、12、15、20、28、32、42、48～51、62. 陶钵　6、55. 铜钱　7. 铁器　8、26、43、68. 陶釜　10、11、24、44、61. 陶魁
13、38. 陶灯　14、33、58、59. 陶熏炉盖　19、36、46. 陶壶　21、22、54. 陶器盖　25、30、52. 陶盂　34、41、57. 陶熏炉
63. 铁釜　64. 陶甑　67、69. 陶杯

圆唇，浅腹，平底。腹上有凸弦纹。口径13.6、底径5.2、高5厘米（图七，2；图版七，2）。
标本2001CWTM2：49，敞口，卷沿，圆唇，浅腹，平底。口径12、底径4、高4厘米（图七，3；图版七，3）。标本2001CWTM2：62，敞口，卷沿，浅腹，平底。口径13.6、底径5.6、高4.8厘米（图七，4；图版七，4）。标本2001CWTM2：51，敞口，卷沿，浅腹，平底。口径12.4、底径4.8、高5厘米。标本2001CWTM2：28，敞口，卷沿，深腹，平底。口径13.6、底径5.2、高5.5厘米。标本2001CWTM2：15，敞口，平折沿，圆鼓腹，小平底。口径11.6、底径5.2、高3.8厘米。标本2001CWTM2：9，平折沿，平底。腹上起折棱。口径14、底径5.2、高4.3厘米。

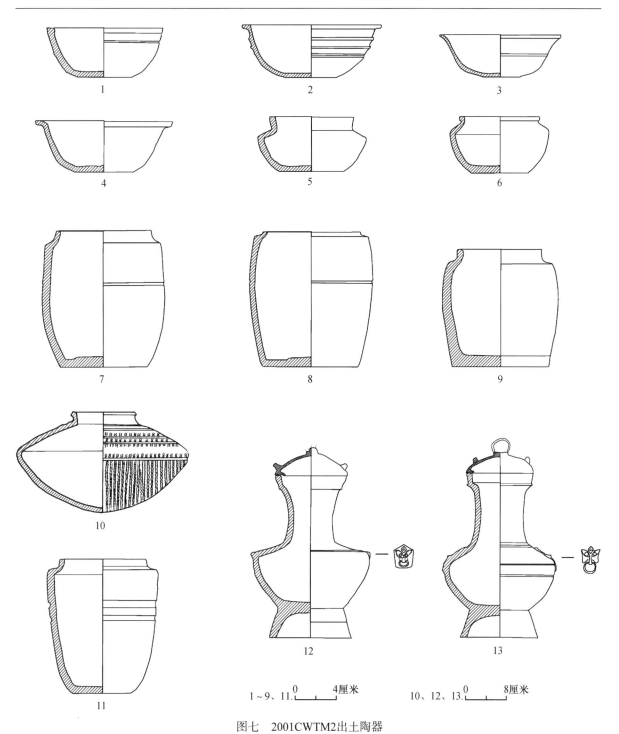

图七　2001CWTM2出土陶器

1~4.钵（2001CWTM2：12、2001CWTM2：20、2001CWTM2：49、2001CWTM2：62）　5~11.罐（2001CWTM2：27、
2001CWTM2：35、2001CWTM2：17、2001CWTM2：18、2001CWTM2：29、2001CWTM2：53、2001CWTM2：66）
12、13.壶（2001CWTM2：36、2001CWTM2：46）

罐 19件。泥质红陶，15件。标本2001CWTM2：27，敞口，尖唇，矮领，鼓腹，平底。口径8、腹径10.4、底径6.2、高5.2厘米（图七，5；图版七，5）。标本2001CWTM2：35，卷沿，上腹微鼓，平底。口径7.6、腹径9.6、底径5.6、高5.4厘米（图七，6）。标本2001CWTM2：17，子母口，圆唇，腹部微鼓，大平底。腹上有一道凹弦纹。口径9.2、腹径12、底径8.4、高13厘米（图七，7；图版七，6）。标本2001CWTM2：18，子母口，圆唇，腹部微鼓，大平底。腹上有一道凹弦纹。口径9.6、腹径12、底径9.2厘米、高12.8（图七，8；图版八，1）。标本2001CWTM2：29，子母口，圆唇，腹部微鼓，大平底，器壁较厚。口径8.2、腹径11.6、底径9.6、高11.2厘米（图七，9；图版八，2）。泥质灰陶，4件。标本2001CWTM2：53，小口，尖圆腹，圜底。口径11.6、腹径33.6、高18.8厘米（图七，10）。标本2001CWTM2：66，子母口，直筒腹，平底。腹上有一道凹弦纹。口径8.4、腹径10.6、底径5.6、高12.8厘米（图七，11；图版八，3）。标本2001CWTM2：56，子母口，圆唇，直筒腹，大平底。腹上有凹弦纹。口径9.6、腹径12.4、底径10、高10.6厘米。

壶 3件。均为泥质红陶。标本2001CWTM2：36、2001CWTM2：21，盘口，平沿，圆唇，束颈，溜肩，圆鼓腹，矮圈足。肩部饰一道凹弦纹。覆碟式盖，上有一环形纽，周边三角分布乳钉纽。口径14、腹径23.2、底径16、盖径14.4、通高36.3厘米（图七，12；图版八，4）。标本2001CWTM2：46，盘口，长筒形颈，圆鼓腹，矮圈足。覆碟式盖，上有一环形纽。上、下腹分别饰两道凹弦纹，肩部饰一对铺首衔环。口径12.8、腹径22.4、底径15.7、盖径13.3、通高37.9厘米（图七，13）。

杯 2件。均为泥质红陶。2001CWTM2：67，敞口，斜直腹，平底。口径7.4、腹径6.6、底径3.8、高6.4厘米（图八，1；图版八，5）。2001CWTM2：69，口稍敞，直筒腹，平底，腹上有把手。口径3.4、腹径3.3、底径2.6、高4.6厘米。

魁 5件。均为泥质红陶。2001CWTM2：11，钵形，敛口，弧腹，平底。鸟喙形长柄。上腹有一道凹弦纹。口径9.8、腹径11、底径4.8、高5.4厘米（图八，2；图版八，6）。2001CWTM2：24，敛口，鼓腹，下腹内收，平底。鸟喙形长柄。口径5.2、腹径6.2、底径4.2、高3.56厘米（图八，3）。2001CWTM2：44，敛口，圆唇，鼓腹，下腹内收，平底。曲柄，较短小。上腹饰一周凹弦纹。口径10.8、腹径10.2、底径4.6、高4.4厘米（图八，4；图版九，1）。2001CWTM2：61，敛口，鼓腹，平底，直柄。口径6、腹径6.1、底径4.4、高4.3厘米（图八，5）。2001CWTM2：10，敛口，尖唇，鼓腹，平底，短柄。高4.6、口径5.2、底径4厘米。

熏炉 3件。均为泥质红陶。标本2001CWTM2：34、2001CWTM2：14，子口，圆唇，浅盘，大喇叭状圈足。炉盖整体呈盃形，顶部有纽，其外刻划网格纹。器身施釉。口径6.4、底径8.6、盖径8.8、通高14厘米（图八，6；图版九，2）。标本2001CWTM2：57、2001CWTM2：58，敛口，弧腹，喇叭形柄，覆碗形底座。炉盖整体呈盃形，顶端刻划网格纹，下部近口处饰一周凹弦纹。口径7.2、底径9.5、盖径10、通高13.5厘米（图八，7；图版九，3）。

釜 4件。均为泥质红陶。标本2001CWTM2：26，环形附耳，束颈，鼓腹，平底。口径

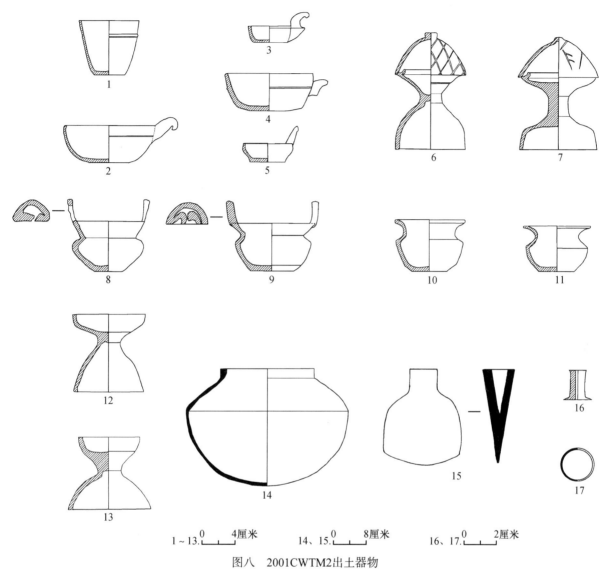

1～13. 0 ⌐⌐⌐⌐ 4厘米　　　　14、15. 0 ⌐⌐⌐⌐ 8厘米　　　　16、17. 0 ⌐⌐⌐⌐ 2厘米

图八　2001CWTM2出土器物

1. 陶杯（2001CWTM2∶67）　　2～5. 陶魁（2001CWTM2∶11、2001CWTM2∶24、2001CWTM2∶44、2001CWTM2∶61）
6、7. 陶熏炉（2001CWTM2∶34、2001CWTM2∶14、2001CWTM2∶57、2001CWTM2、58）　8、9. 陶釜（2001CWTM2∶26、
2001CWTM2∶43）　10、11. 陶盂（2001CWTM2∶30、2001CWTM2∶52）　12、13. 陶灯（2001CWTM2∶13、
2001CWTM2∶38）　14. 铁釜（2001CWTM2∶63）　15. 铁壶（2001CWTM2∶1）　16. 琉璃耳珰（2001CWTM2∶3）
17. 银指环（2001CWTM2∶2）

8.8、腹径8.8、底径3.2、高8.6厘米（图八，8；图版九，4）。标本2001CWTM2∶43，环形附
耳，束颈，鼓腹，平底。口径10.4、腹径9.34、底径5.2、高8.6厘米（图八，9；图版九，5）。

盂　3件。均为泥质红陶。标本2001CWTM2∶30，卷沿，敞口，束颈，折腹，平底。口
径8.8、腹径8.4、底径4.4、高6.2厘米（图八，10）。标本2001CWTM2∶52，卷沿，敞口，折
腹，平底。口径8.3、腹径7.7、底径4.4、高5.5厘米（图八，11；图版九，6）。

灯　2件。均为泥质红陶。2001CWTM2∶13，豆形，敞口，平沿，浅盘，大喇叭状圈足。
口径8.8、底径8.4、高9.3厘米（图八，12；图版一〇，1）。2001CWTM2∶38，敞口，平沿，
圆唇，浅盘，覆碗式圈足。口径7.6、底径10.2、高8.6厘米（图八，13；图版一〇，2）。

2）铁器　3件。

釜　1件。2001CWTM2：63，直口，圆鼓腹，圜底。口径22.8、腹径39.8、高28厘米（图八，14）。

臿　1件。2001CWTM2：1，有銎孔，弧刃。高23.2、銎径7.2厘米（图八，15）。

3）饰品　5件。出土琉璃耳珰、银指环等。

琉璃耳珰　4件。标本2001CWTM2：3，亚腰形，中间有穿孔。上径1、下径1.8、高1.8厘米（图八，16）。

银指环　1件。圆形。横断面呈圆形。2001CWTM2：2，直径2厘米（图八，17）。

3. 2001CWTM4

位于发掘区中部偏南，墓向180°。

（1）墓葬形制

砖室墓，平面呈"凸"字形，墓葬保存状况不好，前部甬道破坏较甚，后部保存稍好，现存最高高度为0.84米，墓底的前部有铺地砖，后部没有。墓葬由甬道和墓室组成，残长3.78米。甬道破坏殆尽，残长0.48、宽1.88米；墓室长3.3、宽3.06米。墓内只见条砖，砖体宽厚，长约42、宽20、厚12厘米。砖纹均为连续菱形纹（图九）。

（2）葬具葬式

墓室后端只发现零星人体肢骨，其他情况不详。

（3）出土器物

墓内残存器物不多，2件陶器及一些残破的陶片，2枚铜指环，2枚银指环，指环分布于墓室后部的人骨附近。还有30枚铜钱。

1）陶器　2件。

罐　1件。2001CWTM4：7，圆唇，卷沿，上腹鼓出，下腹斜收，平底。口径7.6、腹径11、底径5.6、高5.9厘米（图一○，1；图版一○，3）。

盂　1件。2001CWTM4：6，敞口，圆唇，宽平沿，束颈，鼓腹，平底。口径7.5、腹径8.4、底径5.2、高5.7厘米（图一○，2；图版一○，4）。

2）饰品　4件。

铜指环　2件。2001CWTM4：1，圆形，横断面呈圆形。直径1.7厘米（图一○，3）。2001CWTM4：2，圆形，横断面呈圆形。直径2厘米（图一○，4）。

银指环　2件。2001CWTM4：3，圆形，横断面呈圆形。直径2厘米（图一○，5）。2001CWTM4：4，圆形，横断面呈圆形。直径2厘米（图一○，6）。

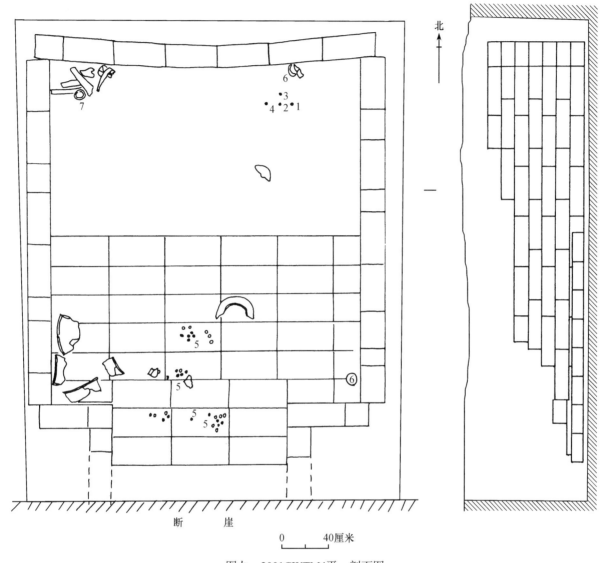

北

断　崖

0　　　40厘米

图九　2001CWTM4平、剖面图
1、2.铜指环　3、4.银指环　5.铜钱　6.陶盂　7.陶罐

4. 2001CWTM5

位于发掘区的南侧，墓向177°。

（1）墓葬形制

砖室墓，平面呈"凸"字形，墓葬保存不好，墓室被扰乱，墓壁保存的最高高度为0.84米。墓葬由墓道、甬道、墓室组成，总长5.8米。铺地砖被破坏，仅在甬道内保存有完整的铺地砖。墓道长0.66、宽1.78米；甬道长1.9、宽2.22米，其出口处有3层封门砖；墓室长3.24、宽3.22米（图一一）。墓内有条砖和券砖两种，条砖长42、宽18、厚12厘米。砖纹有三种：①马拉车纹，见于甬道内条砖；②圆圈十字纹，见于墓室内条砖；③菱形纹，见于墓室内券砖。

（2）葬具葬式

墓内人骨较为零碎，甬道和墓室里都有。

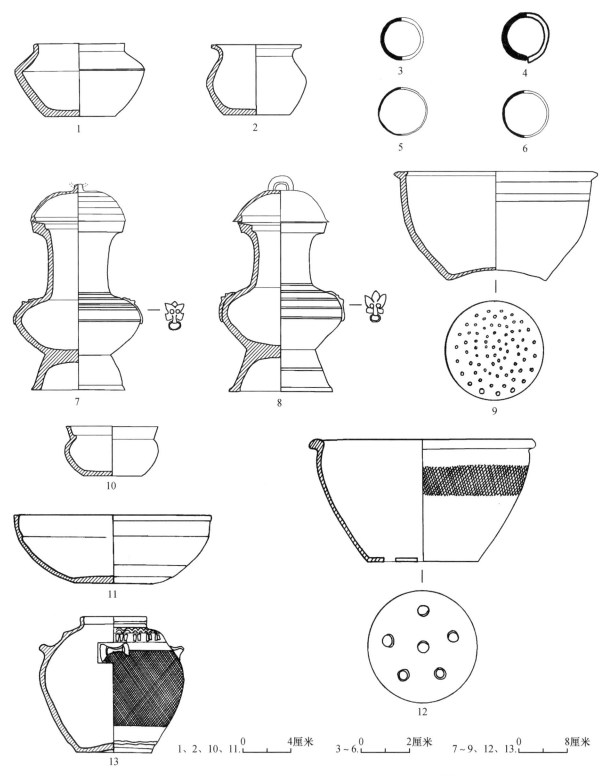

1、2、10、11. ├0──────4厘米┤　3～6. ├0───2厘米┤　7～9、12、13. ├0───────8厘米┤

图一〇　2001CWTM4、2001CWTM5、2001CWTM6出土器物

1、10. 陶罐（2001CWTM4：7、2001CWTM5：3）　2. 陶盉（2001CWTM4：6）　3、4. 铜指环（2001CWTM4：1、
2001CWTM4：2）　5、6. 银指环（2001CWTM4：3、2001CWTM4：4）　7、8. 陶壶（2001CWTM5：2、2001CWTM5：1）
9、12. 陶甑（2001CWTM5：5、2001CWTM6：1）　11. 陶钵（2001CWTM6：3）　13. 瓷罐（2001CWTM6：2）

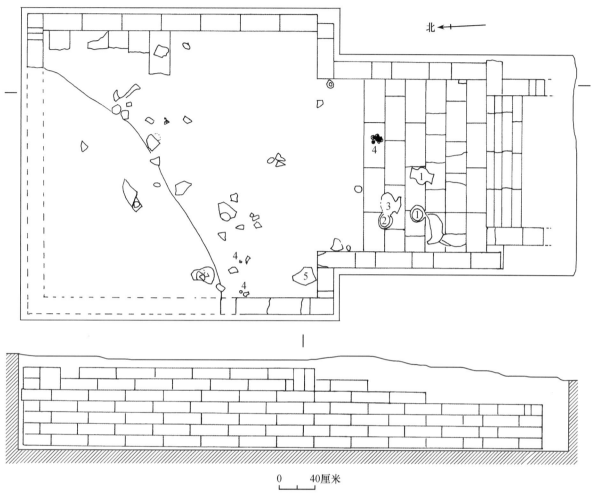

图一一　2001CWTM5平、剖面图

1、2.陶壶　3.陶罐　4.铜钱　5.陶甑

（3）出土器物

墓内器物已被扰乱，能复原的器物有4件，均为陶器；另外有数枚铜钱，钱文有"货泉"和"五铢"两种。

陶器

壶　2件。均为泥质红陶。2001CWTM5：2，侈口，平沿，圆唇，长直颈，弧肩，扁圆腹，高圈足。覆碟式盖，上有一环形纽。纽损坏。腹部饰一对铺首衔环和五周凹弦纹。红胎绿釉，圈足施釉处已脱落。口径16、腹径21.8、底径15.2、盖径16、通高33.4厘米（图一〇，7；图版一〇，5）。2001CWTM5：1，敞口，斜沿，直颈，弧肩，圆鼓腹，高圈足。覆碟式盖，上有一环形纽。腹部饰一对铺首衔环及五道凹弦纹。胫部饰一周凹弦纹。红胎绿釉，口、圈足施釉处已脱落。口径14.4、腹径20、底径16.8、盖径16、通高35厘米（图一〇，8；图版一〇，6）。

甑　1件。2001CWTM5：5，夹砂灰褐陶。卷沿，深腹，凹底，底上有细密的箅孔。口径32、腹径30.6、底径16、高17.3厘米（图一〇，9；图版一一，1）。

罐　1件。2001CWTM5：3，泥质红陶。敞口，平沿，矮领，鼓腹斜收，平底。口径7.6、腹径7.9、底径4.8、高4厘米（图一〇，10；图版一一，2）。

钱币　2枚。货泉2001CWTM5：4-1，方孔圆钱，正面轮郭清晰，背面轮郭俱全。钱文篆书，货泉文字清晰。直径2.3、穿径0.7、厚0.1厘米。五铢钱M5：4-2，方孔圆钱，正面有轮无郭，背面轮郭俱全。直径2.5、穿径0.9、厚0.13厘米。

5. 2001CWTM6

位于发掘区的西南侧，墓向24°。

（1）墓葬形制

砖室墓，平面呈"凸"字形，墓葬保存状况不好，上部大多已破坏，现存最高高度为0.66米，墓底以整砖铺地，排列十分整齐。墓葬由甬道和墓室组成，总长7.56米。甬道长2.64、宽2.04米；甬道出口处有4层封门砖，高约0.44米。墓室狭长，长5.22、宽2.96米。墓内只见条砖，墙砖长约44、宽22、厚11厘米；铺地砖厚约6厘米。砖纹均为车轮对钱网格纹（图一二；图版一二，1）。

（2）葬具葬式

墓室东侧发现1具头骨和几段肢骨。

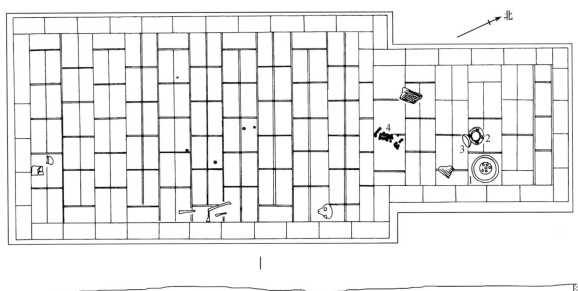

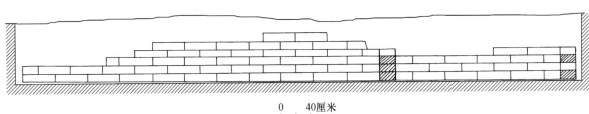

0　　40厘米

图一二　2001CWTM6平、剖面图

1. 陶甑　2. 瓷罐　3. 陶钵　4. 铜钱

（3）出土器物

墓内残存器物不多，主要放置于甬道内，有陶器2件、瓷器1件及32枚铜钱。另外还在甬道内发现了两片绳纹板瓦。

1）陶器

钵　1件。2001CWTM6：3，泥质灰陶。敞口，圆唇，弧腹，平底。口径17.2、腹径16.4、底径7、高5.6厘米（图一〇，11；图版一一，3）。

甑　1件。2001CWTM6：1，泥质灰褐陶。敞口，尖唇，折沿，斜壁，小平底。底有圆孔。腹部饰一周网格纹。口径36.4、腹径34.4、底径18.5、高19.8厘米（图一〇，12；图版一一，4）。

2）原始瓷器

罐　1件。2001CWTM6：2，直口，短颈，宽肩，收腹，平底。肩饰四个对称的桥形纽，腹部满饰网格纹。施青釉不及底。口径11、腹径24.4、底径12.7、高22厘米（图一〇，13；图版一一，5）。

6. 2001CWTM9

位于发掘区中部偏北，墓向347°。

（1）墓葬形制

砖室墓，平面呈"凸"字形，墓葬由甬道和墓室组成，总长5.86米。甬道长2.54、宽2.08米；墓室长3.5、宽3.28米。保存状况尚好，墓葬上部的竖券砖层几乎已被破坏，现存最高高度为1.1米，墓室的后半部分底部以整砖铺地，其他部分不见铺地砖（图一三；图版一二，2）。墓内有条砖和券砖两种，条砖长约42、宽20、厚11厘米。砖纹有两种：①骑马出行纹，见于条砖；②连体菱形纹，见于券砖。

（2）葬具葬式

在墓室和甬道的交接处发现数段肢骨，但未见头骨痕迹。

（3）出土器物

墓内器物以陶器为主，共发现陶器14件。另外，零散的铜钱均已锈蚀，无法取出；墓室内发现一些红色和黑色漆皮，均已看不出器形。

罐　5件。泥质灰陶，3件。标本2001CWTM9：10，小口，卷沿，广肩，鼓腹，圜底。下腹饰绳纹。口径10.5、腹径30.7、高17.5厘米（图一四，1；图版一三，1）。标本2001CWTM9：12，敛口，折肩，直腹，平底。口径9.7、腹径11.1、底径7、高9厘米。泥质红陶，2件。2001CWTM9：13，侈口，卷沿，折肩，弧腹内收，平底。口径9.2、腹径11.3、底径5、高6.2厘米（图一四，2；图版一三，2）。2001CWTM9：3，直口，折肩，平底。口径8.8、腹径10.5、底径5.4、高5.6厘米。

甑　2件。2001CWTM9：1，泥质灰陶。尖唇，折沿，深腹，平底。底有孔。口径32.4、腹径29.6、底径16.6、高18厘米（图一四，3；图版一三，3）。2001CWTM9：5，泥质红陶。尖唇，折沿，弧腹，平底有孔。腹饰凹弦纹。口径11.5、腹径10.2、底径4.7、高4.8厘米。

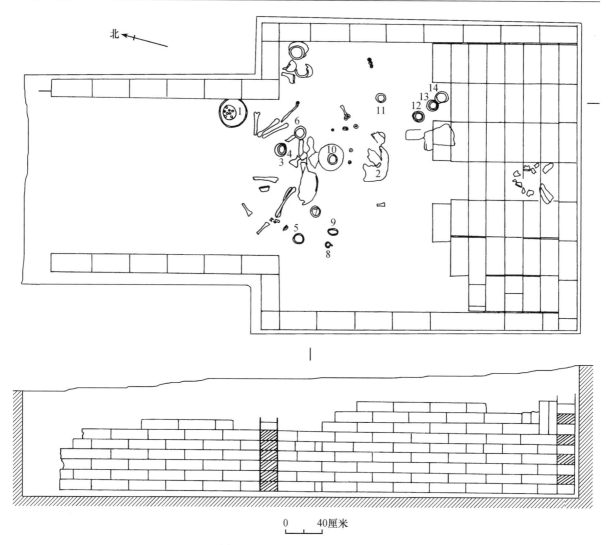

图一三　2001CWTM9平、剖面图

1. 陶甑　2、5~7、9. 陶钵　3、10~14. 陶罐　4. 陶灯　8. 陶魁

　　魁　1件。2001CWTM9：8，泥质红陶。小斜浅盘形，后有捏成的把手。口径5.3、底径4、高2.7厘米（图一四，4；图版一三，4）。

　　盘　1件。2001CWTM9：9，泥质红陶。敞口，宽平沿，浅腹，下腹斜内收，平底。口径10.1、腹径8.9、底径6、高2.5厘米（图一四，5；图版一三，5）。

　　盂　1件。2001CWTM9：11，泥质红陶。卷沿，敞口，折腹，平底。口径8.8、腹径8.6、底径5.2、高5.3厘米（图一四，6；图版一三，6）。

　　钵　3件。均为泥质红陶。标本2001CWTM9：7，敞口，斜壁，平底。腹饰凹弦纹。口径10.4、腹径9.84、底径4.9、高4.2厘米（图一四，7；图版一三，7）。标本2001CWTM9：2，卷沿，斜壁，平底。口径11、腹径10.6、底径4.6、高4.1厘米。

　　灯　1件。2001CWTM9：4，泥质红陶。敞口，盘较深，细短柄，喇叭形圈足。口径9.4、底径6.5、高7.2厘米（图一四，8；图版一三，8）。

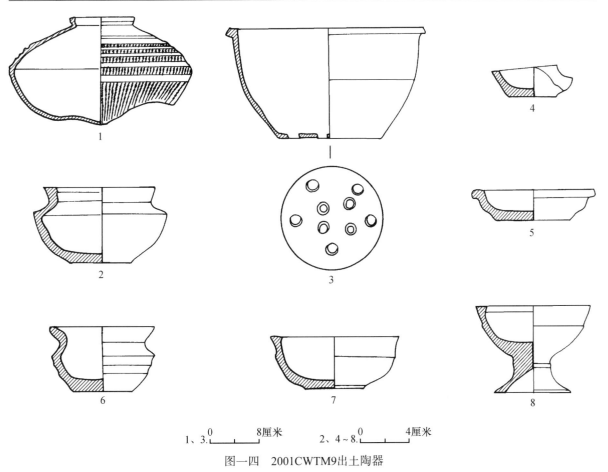

图一四　2001CWTM9出土陶器

1、2.陶罐（2001CWTM9：10、2001CWTM9：13）　3.陶甑（2001CWTM9：1）　4.陶魁（2001CWTM9：8）

5.陶盘（2001CWTM9：9）　6.陶盂（2001CWTM9：11）　7.陶钵（2001CWTM9：7）　8.陶灯（2001CWTM9：4）

7. 2001CWTM12

位于发掘区的东北，墓向11°。

（1）墓葬形制

砖室墓，平面呈刀形，墓葬结构保存较好，券顶大部分还未塌陷，墓坑内积满淤土，墓室东、西壁保存高度为2.28米。墓底以整砖铺设，排列较整齐。墓葬由甬道和墓室组成，总长5.5米。甬道长2.44、宽2.3米。墓室为横长方形，长3.2、宽4.2米（图一五；图版一四）。墓内有条砖和子母口券砖两种，砖长约40、宽约20、厚约9厘米。券砖又分长方形和楔形两种。砖纹一种，即连体菱形纹。

（2）葬具葬式

墓内清理出人骨12具。甬道内4具：南北并行排列，头均朝向墓的出口。墓室入口处6具：有4具南北排列，头朝向墓的出口；有1具东西放置，头向西；另1具只见头骨。墓室里侧有2具：其中1具仅存头骨，头向东；另1具旁边发现棺钉，头朝南。

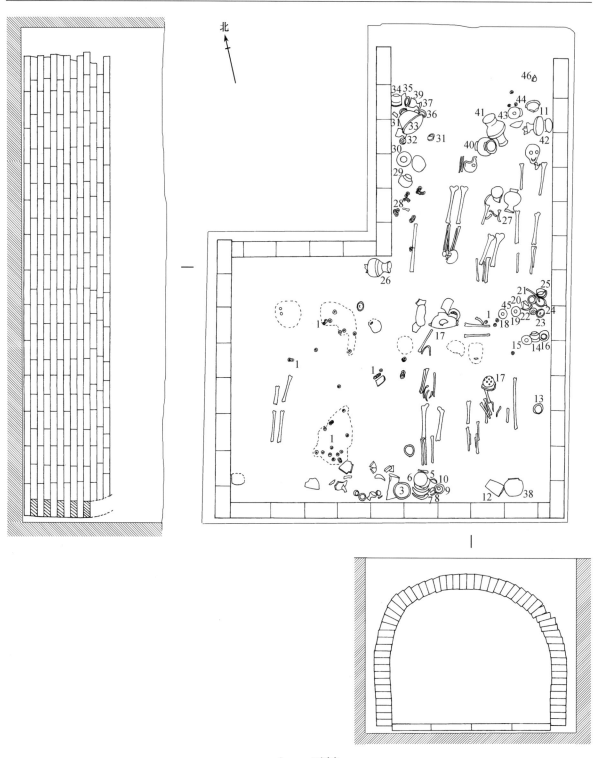

北

图一五　2001CWTM12平、剖面图

1.铜钱　2、20.陶杯　3～9、21、23、30、37、43、44.陶钵　10.陶熏炉盖　11、14～16、18、25、29、31、34.陶罐　12.陶囷
13.陶盆　17、33、39.陶甑　19、38.盉　22、32、35.陶熏炉　24、45、46.陶魁　28.铜带钩　26、27、40～42.陶壶
36.陶盘（图中叠压器物未标注序号）

0　　　40厘米

（3）出土器物

出土器物大体分三处放置：一是甬道的出口处，二是墓室的入口处，三是墓室的里侧。共出土器物45件，陶器44件、铜器1件；另外还有130余枚铜钱（图版一五，1），大多已锈蚀。

1）陶器　44件。

灰陶钵　7件。均为泥质陶。标本2001CWTM12：6，敞口，圆唇，斜壁，平底。口径16.8、底径7.4、高6.2厘米（图一六，1；图版一五，2）。标本2001CWTM12：44，敛口，平沿，上腹稍直，下腹斜收，平底。口径12、底径5.2、高4.4厘米（图一六，2）。标本2001CWTM12：43，敞口，卷沿，圆唇，上腹稍直，下腹斜收，平底。口径14.8、底径6.6、高5.8厘米。

红陶钵　6件。均为泥质陶。标本2001CWTM12：21，圆唇，卷沿，弧壁，平底。口径11.5、底径4.7、高4.5厘米（图一六，3；图版一五，3）。标本2001CWTM12：37，敞口，斜壁，平底。口径6.6、底径4.8、高4.1厘米。

盆　1件。泥质红陶。2001CWTM12：13，圆唇，卷沿，折腹，腹较浅，平底。口径

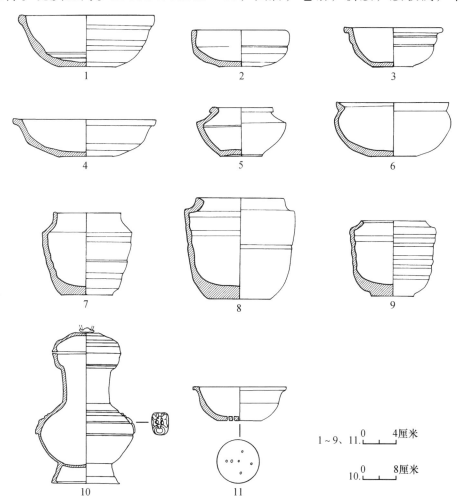

图一六　2001CWTM12出土陶器

1~3.钵（2001CWTM12：6、2001CWTM12：44、2001CWTM12：21）　4.盆（2001CWTM12：13）

5~9.罐（2001CWTM12：14、2001CWTM12：9、2001CWTM12：15、2001CWTM12：11、2001CWTM12：31）

10.壶（2001CWTM12：42）　11.瓿（2001CWTM12：39）

17.6、腹径15、底径6.4、高4.6厘米（图一六，4；图版一五，4）。

罐　9件。泥质红陶，5件。2001CWTM12：14，圆唇，卷沿，折肩，下腹斜收，平底。口径7.3、腹径10.8、底径5.5、高5.8厘米（图一六，5；图版一五，5）。2001CWTM12：9，敞口，尖唇，卷沿，鼓腹，小平底。口径13.6、腹径14.2、底径6、高6.4厘米（图一六，6）。2001CWTM12：25，盘口，折肩，弧壁，平底。口径4.4、腹径8.8、底径5.9、高4.8厘米。2001CWTM12：16，圆唇，卷沿，束颈，折肩，鼓腹，平底。口径6.6、腹径9.2、底径4.6、高4.8厘米。2001CWTM12：18，圆唇，卷沿，凸腹，下腹斜收，小平底。口径6.8、腹径10.6、底径5、高5.6厘米。2001CWTM12：34，直口，折肩，直壁，深腹，平底。腹饰凹弦纹。口径9、腹径12.4、底径7.8、高12.1厘米。泥质灰陶，4件。标本2001CWTM12：15，直口，圆唇，折肩，斜腹，平底。饰凹弦纹。口径8、腹径10.8、底径6.2、高9.8厘米（图一六，7；图版一五，6）。标本2001CWTM12：11，直口，圆唇，折肩，收腹，平底。饰凹弦纹。口径10.2、腹径13、底径7.2、高11.8厘米（图一六，8；图版一五，7）。标本2001CWTM12：31，直口，折肩，直壁，平底。腹饰凹弦纹。口径7.6、腹径9.8、底径5、高8.8厘米（图一六，9；图版一五，8）。

壶　5件。均为泥质红陶。2001CWTM12：42，盘口，长颈，鼓腹，圈足。覆碟式盖，上有一环形纽，纽损。腹部饰对称两兽面铺首。红胎绿釉，器表施釉处已脱落。口径16、腹径23.5、底径16、盖径16.8、通高37厘米（图一六，10；图版一六，1）。2001CWTM12：26，敞口，长颈，鼓腹，圈足。腹部饰一对铺首衔环和凸弦纹。缺盖。口径14、腹径24、底径15.5、高28.3厘米。2001CWTM12：27，敞口，方唇，长颈，鼓腹，圈足。腹部饰一对铺首衔环和凹弦纹。红胎绿釉，器表施釉处已脱落。缺盖。口径14.5、腹径22.3、底径13.7、高26.1厘米。2001CWTM12：41，盘口，长颈，鼓腹，圈足。腹部饰对称的两兽面铺首和凹弦纹。红胎褐釉，器口、圈足施釉处已脱落。缺盖。口径15、腹径20.4、底径15.8、高28厘米。2001CWTM12：40，盘口，圆唇，长颈，鼓腹，圈足。腹部饰对称的两兽面铺首。缺盖。口径15.8、腹径21、底径16、高27.5厘米。

甑　3件。均为泥质陶。2001CWTM12：39，红陶。敞口，方唇，斜壁，平底。底有小孔。口径11、腹径9.7、底径5、高4.1厘米（图一六，11；图版一六，2）。2001CWTM12：17，灰陶。尖唇，敞口，折沿，深腹，平底。底有小孔。口径36.5、底径16、高21厘米。2001CWTM12：33，灰陶。尖唇，敞口，折沿，斜壁深腹，平底，底有孔。口径35.5、底径16、高20.5厘米。

杯　2件。均为泥质红陶。2001CWTM12：2，圆唇，直壁，深腹，平底。口沿一侧有纽。口径6.8、腹径6.54、底径4.6、高7.6厘米（图一七，1；图版一六，3）。2001CWTM12：20，圆唇，深腹，斜直壁，小平底。外饰凹弦纹。口径9、腹径8.4、底径4.6、高6.1厘米（图一七，2；图版一六，4）。

魁　3件。均为泥质红陶。标本2001CWTM12：45，敛口，浅腹，下腹内收，平底。一侧有捏成的把手。口径3.8、底径3.6、高1.6厘米（图一七，3；图版一六，5）。标本2001CWTM12：24，圆唇，敛口，鼓腹，下腹内收，平底。鸟首錾，较短小。口径9.8、底径

5.4、高4.3厘米（图一七，4；图版一六，6）。

熏炉　4件。均为泥质红陶。2001CWTM12：35，子口，圆唇，直腹，喇叭形柄，覆碗形底座。缺盖。口径6、底径10、高7.6厘米（图一七，5；图版一七，1）。2001CWTM12：22，小盘，子口，圆唇，粗短柄，覆钵底座。缺盖。口径4、底径8.6、高6.6厘米（图一七，6；图版一七，2）。2001CWTM12：10，子口，圆唇，弧腹，喇叭形柄，覆碗形底座。盖整体呈"Λ"形。盖面浮雕多组山形凸起，三个为一组，顶部雕刻镂孔，底部刻划一周凹形纹。口径5.5、底径11、通高12厘米（图一七，7；图版一七，3）。2001CWTM12：32，子口，圆唇，弧腹，喇叭形柄，覆碗形底座。盖整体呈覆碗形，鸟首形纽。顶端有三镂孔。口径6、底径10.5、高11.8厘米。

盂　2件。均为泥质陶。2001CWTM12：38，灰陶。方唇，卷沿，弧腹，平底。口径18.7、腹径9.4、底径5、高12.3厘米（图一七，8；图版一七，4）。2001CWTM12：19，红陶。方唇，卷沿，鼓腹，平底。口径9.1、腹径9.2、底径5.3、高6.1厘米。

盘　1件。泥质褐陶。2001CWTM12：36，大敞口，浅腹，小平底。口径12.5、腹径10.6、底径5.4、高3.3厘米（图一七，9；图版一七，5）。

囷　1件。泥质红陶。2001CWTM12：12，口残，宽肩，深腹，平底。口径8、腹径13.8、底径10、高21厘米（图一七，10；图版一七，6）。

2）铜器　1件。

带钩　1件。2001CWTM12：28，纽稍残，琵琶形。长5.1厘米（图一七，11；图版一八，1）。

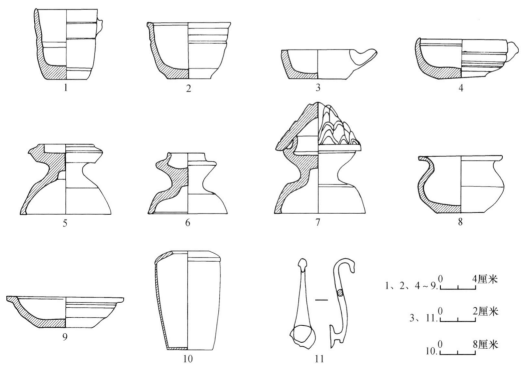

图一七　2001CWTM12出土器物

1、2.陶杯（2001CWTM12：2、2001CWTM12：20）　3、4.陶魁（2001CWTM12：45、2001CWTM12：24）

5～7.陶熏炉（2001CWTM12：35、2001CWTM12：22、2001CWTM12：10）　8.陶盂（2001CWTM12：38）

9.陶盘（2001CWTM12：36）　10.陶囷（2001CWTM12：12）　11.铜带钩（2001CWTM12：28）

8. 2001CWTM14

位于发掘区东侧，墓向15°。

（1）墓葬形制

砖室墓，平面呈长方形，墓室长3.2、宽1.12米。上部已破坏，下部保存尚好，现存高度为0.6米。墓室东西两壁用梯形子母口券砖交错垒砌，墓室后壁则用长方形条砖垒砌。墓底只铺有零散的几块砖（图一八；图版一九，1）。墓内的砖有条砖和券砖两种。砖纹也有两种，即车轮纹和连体菱形纹，其中车轮纹只见于券砖（图版一八，2）。墓内不见人骨痕迹。

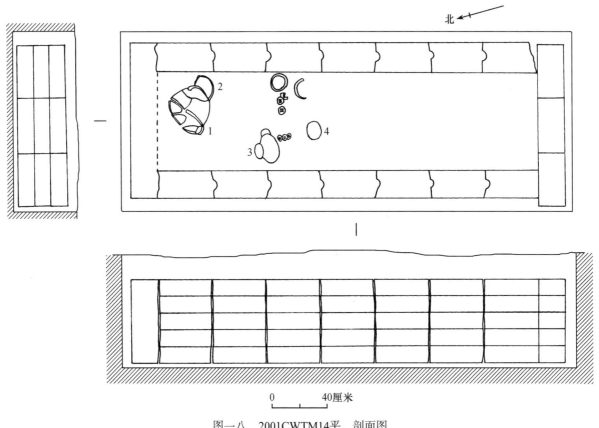

图一八　2001CWTM14平、剖面图
1. 陶甑　2. 陶釜　3. 陶罐　4. 陶钵

（2）出土器物

以陶器为主，共4件。均放置在墓室的出口处。另有几枚铜钱，均已腐朽，无法提取。

陶器　4件。

罐　1件。2001CWTM14：3，泥质灰陶。小口，圆唇，卷沿，广肩，短颈，斜弧腹，圜底。钵形盖。肩饰一周凹弦纹，腹部饰竖向绳纹，上腹间饰四周凹弦纹。盖饰一周凹弦纹。口径11、腹径25、高19.2厘米（图一九，1；图版一八，3）。

钵　1件。2001CWTM14：4，泥质灰陶。敞口，圆唇，折腹，平底。口径10.4、底径3.9、高3.8厘米（图一九，2；图版一八，4）。

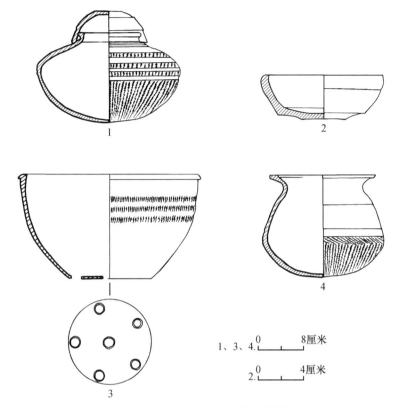

图一九　2001CWTM14出土陶器

1. 罐（2001CWTM14∶3）　2. 钵（2001CWTM14∶4）　3. 甑（2001CWTM14∶1）　4. 釜（2001CWTM14∶2）

甑　1件。2001CWTM14∶1，泥质红陶。敞口，尖唇，小折沿，深腹，斜壁，平底。底有小孔。腹部饰三周短绳纹。口径31.2、腹径30.4、底径14.5、高18厘米（图一九，3；图版一八，5）。

釜　1件。2001CWTM14∶2，泥质灰陶。卷沿，圆唇，垂腹，圜底。下腹至底饰绳纹。口径18.6、腹径21.7、高17.9厘米（图一九，4；图版一八，6）。

9. 2005CWTM1

位于发掘A区的T0104及其扩方内，墓向180°。

（1）墓葬形制

砖室墓，平面呈刀形，由墓室和甬道组成，总长4.4米，墓室宽2.5米，甬道宽1.7、高2米。墓葬保存较好，拱顶几乎没有破坏，东西向起券（图版二〇，1）。拱顶为竖券，墓室竖券共9层，甬道竖券7层。东西壁下部条砖共9层，北壁条砖18层（图二〇；图版二〇，2）。墓底无铺地砖，墓口没有封门砖。墓砖两种：子母口券砖，长41、宽18、厚10厘米，砖纹为"十"字菱形纹；条砖，长40、宽20、厚10厘米，砖纹为"十"字菱形纹（图版二〇，3）。

（2）葬具葬式

人体骨骼主要放置在墓室内，根据出土现状，可辨认出4具人体骨骼个体。其中3具在墓室

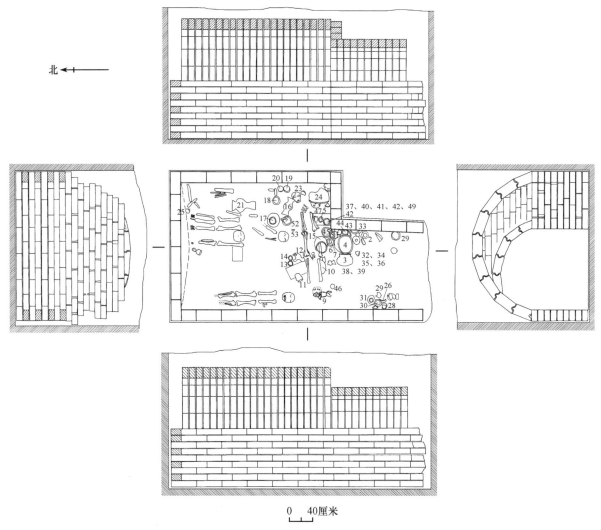

北 ←

0　　40厘米

图二〇　2005CWTM1平、剖面图

1.银指环　2、5、11、18、42、47.陶囷　3、15、23、32.陶釜　4、20、24.陶甑　6.陶壶盖　7、27、45.陶盘　8、19、25、44.陶魁
9.陶狗　10、14、31、34.陶罐　12.陶鸡　13、28、29、33、37、43、46.陶钵　16、17、21.陶壶　22、49.陶俑　26、41.陶杯
30.陶碗　35、36、40、48.陶盂　38、39、51.陶熏炉　50.陶镇墓兽　52.陶盆　53.琉璃耳珰（图中叠压器物未标注序号）

的后部，头部朝南，一字排开；1具在墓室前端，头部朝东。

（3）出土器物

墓内出土器物共53件（套），以陶器为主，器物主要放置在甬道和墓室的交接处。

1）陶器　50件。

壶　3件。均为泥质红陶。2005CWTM1：16，侈口，尖唇，平沿，束颈，弧肩，扁圆腹，高圈足。腹部饰四道凹弦纹。缺盖。口径14.4、腹径22、底径15、高29.7厘米（图二一，1；图版二一，1）。2005CWTM1：17，侈口，圆唇，平沿，束颈，弧肩，扁圆腹，高圈足。覆碟形盖，上有一环形纽。腹部饰一对铺首衔环和多道凹弦纹。口径14、腹径20、底径14.9、通高32厘米（图二一，2；图版二一，2）。2005CWTM1：21，侈口，圆唇，盘较深，长直颈，弧肩，扁圆腹，圈足残。腹部饰一对铺首衔环和多道凹弦纹。覆碟式盖，上有一环形纽，纽周边有三个柱状纽。口径12.2、腹径21.5、底径12.2、盖径15、残通高36.7厘米（图二一，3；图版

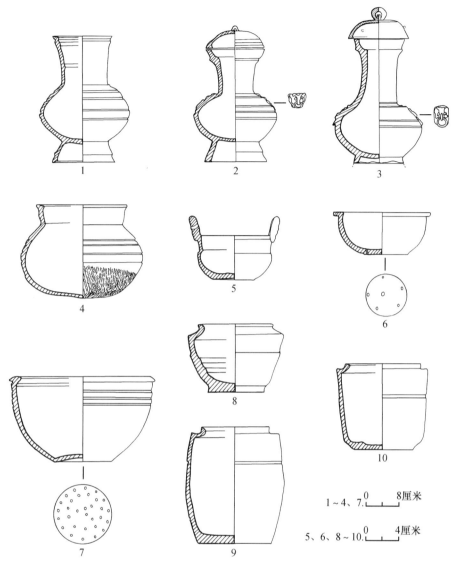

图二一　2005CWTM1出土陶器

1~3.壶（2005CWTM1：16、2005CWTM1：17、2005CWTM1：21）　4、5.釜（2005CWTM1：3、2005CWTM1：23）
6、7.甑（2005CWTM1：20、2005CWTM1：24）　8~10.囷（2005CWTM1：11、2005CWTM1：18、2005CWTM1：47）

二一，3）。

釜　4件。均为泥质陶。2005CWTM1：3，灰陶。敞口，圆唇，平沿，束颈，溜肩，鼓腹，圜底。下腹饰绳纹。口径21.9、腹径29.6、高22厘米（图二一，4；图版二一，4）。2005CWTM1：23，红陶。环形附耳，大敞口，圆唇，沿内凹，束颈，圆鼓腹，平底内凹。口径9.4、腹径9、底径5、通高7.4厘米（图二一，5；图版二一，5）。2005CWTM1：15，灰陶。敞口，圆唇，平沿，束颈，溜肩，圆鼓腹，圜底。腹部饰有一折棱，两侧有一对称盲鼻。口径26、腹径30.4、高23.3厘米。2005CWTM1：32，红陶。大敞口，圆唇，宽平沿内凹，束颈，圆鼓腹，小平底。口径9.7、腹径9.7、底径5.4、高5.5厘米。

甑　3件。均为泥质陶。2005CWTM1：20，红陶。敞口，圆唇，宽平沿，弧腹，平底。底有6个箅孔。口径11.8、腹径10.4、底径5.2、高5厘米（图二一，6；图版二一，6）。

2005CWTM1：24，灰陶，卷沿，沿面内扣，大口，腹壁斜内收，上腹部微鼓，小凹底。底有小箅孔。上腹部饰多周凹弦纹。口径33.5、腹径32.6、底径13.4、高20厘米（图二一，7；图版二二，1）。2005CWTM1：4，灰陶，敞口，尖唇，卷沿，折腹下腹内收，平底。底有箅孔。口径30.5、腹径28、底径17.5、通高17厘米。

困　6件。均为夹砂灰陶。2005CWTM1：11，微敛口，圆唇，折肩，斜腹内收，小平底。口径9、腹径21.7、底径6.8、高8厘米（图二一，8；图版二二，2）。2005CWTM1：18，微敛口，圆唇，折肩，筒形腹，腹较深，腹壁略内收，大平底。上腹部有一道凹弦纹。口径8、腹径11.9、底径8.8、高13.8厘米（图二一，9；图版二二，3）。2005CWTM1：47，微敛口，圆唇，折肩，筒形腹，腹较深，腹壁略内收，平底。腹部有一道凹弦纹。口径9.04、腹径11.2、底径7、高10.2厘米（图二一，10；图版二二，4）。2005CWTM1：2，微敛口，圆唇，折肩，斜腹内收，小平底。腹中部饰一道凹弦纹。口径8.6、腹径13、底径6、高8.6厘米。2005CWTM1：5，微敛口，圆唇，折肩，斜腹内收，平底。腹中部饰一道凹弦纹。口径9.6、腹径11.2、底径6.6、高10厘米。2005CWTM1：42，灰陶，子母口，筒形腹，腹较浅，腹壁略内收，近底部腹壁急收，腹中部饰一道凹弦纹，平底。口径9.5、腹径11.2、底径6.4、高9.5厘米。

罐　4件。均为泥质陶。2005CWTM1：10，灰陶。小口，卷沿，圆唇，短颈，广肩，扁鼓腹，圜底。上腹饰凹弦纹，下腹满饰竖向绳纹。口径10、腹径30.4、高17.4厘米（图二二，1；图版二二，5）。2005CWTM1：31，红陶。小口，圆唇，溜肩，鼓腹，小平底。口径6.5、底径5.2、腹径9.96、高5.6厘米（图二二，2；图版二二，6）。2005CWTM1：34，红陶。小直领稍内束，折肩，弧腹，平底。口径8.4、腹径10.3、底径4.5、高5.5厘米（图二二，3；图版二三，1）。2005CWTM1：14，红陶。敛口，圆唇，平沿，束颈，折腹，下腹内收，平底。口径8.7、腹径9.1、底径5.8、高5厘米。

钵　7件。均为红陶。2005CWTM1：13，泥质陶。敞口，圆唇，平沿，上腹稍直，下腹斜收，小平底。口径11.6、底径5、高4.5厘米。2005CWTM1：28，泥质陶。直口，圆唇，平沿，上腹稍直，下腹内收，小平底。口径8.9、底径4、高2.5厘米。2005CWTM1：29，夹砂陶。直口，圆唇，上腹稍直，下腹内收，平底。腹部饰一周凹弦纹。口径8、底径4、高3.2厘米（图二二，4；图版二三，2）。2005CWTM1：43，泥质陶。敛口，圆唇，上腹稍直，下腹斜收，平底。腹饰一周凹弦纹。口径10.4、底径4.6、高4.8厘米。2005CWTM1：46，泥质陶。敞口，圆唇，卷沿，腹部斜直，平底。外壁饰凹弦纹。口径11、底径5、高4.5厘米。2005CWTM1：33，泥质陶。直口，圆唇，上腹稍直，下腹斜收，平底。腹部饰一周凹弦纹。口径10.5、底径5.2、高5厘米。2005CWTM1：37，泥质陶。敞口，圆唇，卷沿，腹部斜直，平底。口径11.5、底径5.7、高4.4厘米（图二二，5；图版二三，3）。

碗　1件。2005CWTM1：30，泥质红陶。敞口，圆唇，微鼓腹，矮圈足，小平底。腹部饰一周凹弦纹。口径12.6、腹径12、底径4.8、高4.8厘米（图二二，6；图版二三，4）。

盆　1件。2005CWTM1：52，泥质红陶。敞口，圆唇，宽平沿，折腹，下腹急收，小平底。口径13.8、腹径10.7、底径5.2、高4.5厘米（图二二，7；图版二三，5）。

盘　3件。均为泥质陶。2005CWTM1：7，红陶。敞口，圆唇，宽平沿，折腹，下腹内

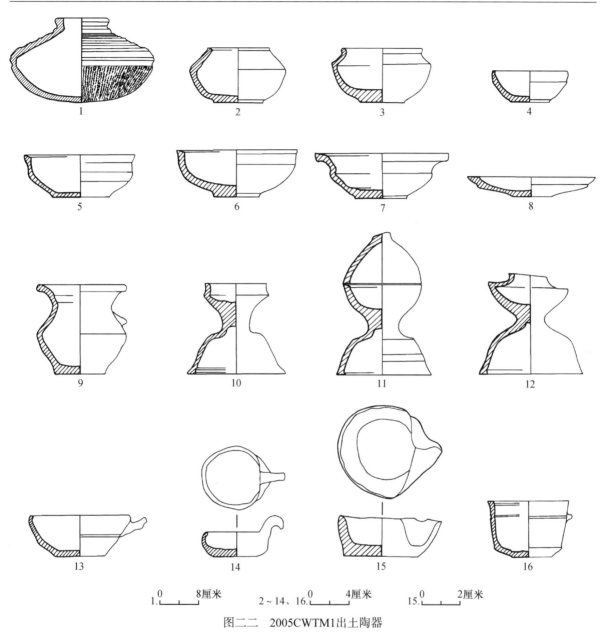

图二二 2005CWTM1出土陶器

1~3.罐（2005CWTM1：10、2005CWTM1：31、2005CWTM1：34） 4、5.钵（2005CWTM1：29、2005CWTM1：37）
6.碗（2005CWTM1：30） 7.盆（2005CWTM1：52） 8.盘（2005CWTM1：27） 9.盂（2005CWTM1：48）
10~12.熏炉（2005CWTM1：38、2005CWTM1：39、2005CWTM1：51） 13~15.魁（2005CWTM1：19、2005CWTM1：25、
2005CWTM1：8） 16.杯（2005CWTM1：41）

收，平底。口径9.2、腹径7.7、底径4.7、高1.7厘米。2005CWTM1：27，灰陶。敞口，圆唇，宽平沿，浅腹，平底。口径13.5、腹径11.5、底径4、高2厘米（图二二，8；图版二三，6）。2005CWTM1：45，红陶。敞口，圆唇，平沿，浅腹，平底。口径15.4、腹径14.3、底径6.4、高3.5厘米。

盂 4件。均为泥质红陶。2005CWTM1：40，敞口，圆唇，大卷沿，束颈，溜肩，折腹，圜底。口径8.5、腹径7.7、高5.8厘米。2005CWTM1：48，敞口，圆唇，大卷沿，外侈，束颈，鼓腹，平底。颈部饰一竖桥形纽。口径9、腹径9.4、底径5.4、高9厘米（图版二四，1）。2005CWTM1：36，敞口，圆唇，卷沿，外侈，束颈，鼓腹，平底。口径7.7、腹径7.6、底径4.8、高5.3厘米。2005CWTM1：35，敞口，圆唇，大卷沿，外侈，束颈，鼓腹，平底内凹。口径9、腹径8.1、底径5、高6厘米。

熏炉　3件。均为泥质红陶。2005CWTM1：38，子母口，圆唇，深盘，束腰，短柄，大喇叭状圈足。缺盖。口径6.4、底径10.2、高9.2厘米（图二二，10；图版二四，2）。2005CWTM1：39，圆唇，平沿，弧腹，喇叭形柄，覆碗形底座。盖整体呈覆碗形，纽残。口径8.2、底径9.9、通高14.5厘米（图二二，11；图版二四，3）。2005CWTM1：51，子母口，圆唇，平沿，弧腹，喇叭形柄，覆碗形圈足。缺盖。口径4、底径11、高10.2厘米（图二二，12）。

魁　4件。均为泥质红陶。2005CWTM1：19，敛口，圆唇，鼓腹，下腹内收，平底。鸟首鋬，较短小。口径10.3、底径5、高4.2厘米（图二二，13；图版二四，4）。2005CWTM1：25，敛口，圆唇，鼓腹，下腹内收，平底。鸟喙形长柄。口径5.6、底径4.5、高2.5厘米（图二二，14；图版二四，5）。2005CWTM1：44，敛口，圆唇，鼓腹，平底。鋬以口沿捏制而成。口径5.7、底径3.4、高3.1厘米。2005CWTM1：8，侈口，圆唇，斜腹，平底。鋬以口沿捏制而成。口径5.3、底径3.8、高2.1厘米（图二二，15）。

杯　2件。均为泥质红陶。2005CWTM1：41，敞口，圆唇，窄平沿，深腹，斜直壁，平底。上腹饰一周凹弦纹，一侧有乳钉纽。口径8.6、腹径8、底径4、高5.8厘米（图二二，16；图版二四，6）。2005CWTM1：26，敞口，圆唇，深腹，下腹稍内收，平底。腹部饰一周凹弦纹。口径7.4、腹径6.9、底径5、高4厘米。

俑　2件。均为泥质陶。2005CWTM1：22，灰陶。头戴平顶冠，五官清晰，外着右衽交领宽袖长袍。长10.8、宽13、通高17厘米（图二三，1；图版二五，1）。2005CWTM1：49，红陶。面目不清，外着交领宽袖袍，作双手拱立状。长5、宽4、残高11厘米（图二三，2；图版二五，2）。

狗　1件。2005CWTM1：9，泥质灰陶。昂首站立状。双耳竖起，前肢外撇，狗尾盘卷盂臀部，狗颈及前腹有两条饰带，狗背饰上方有带环，通体呈仰吠状。长24.6、宽9.9、通高22.2厘米（图二三，3；图版二五，3、4）。

鸡　1件。2005CWTM1：12，泥质灰陶。尖嘴，高冠，圆眼，低首站立状，垂尾。双翅交叉刻划线表示翅膀上的翎毛。长20、宽8.2、通高17.5厘米（图二三，4；图版二五，5、6）。

镇墓兽　1件。2005CWTM1：50，泥质灰陶。似熊，后肢蹲坐，前肢长，直接撑地。眉目不清，头顶有两支短角，两侧有一对大耳，大口，长舌吐出，下垂至下腹部，大肚鼓出。长13、宽12、高19厘米（图二三，5；图版二六，1）。

2）装饰品

琉璃耳珰　1件。2005CWTM1：53，灰白色，上窄下宽，中部呈亚腰状，中有穿孔。上径0.8、底径1、高1.4厘米（图二三，6）。

银指环　1件。标本2005CWTM1：1，圆形，横断面呈圆形。直径2.2厘米（图版一六，2）。

图二三　2005CWTM1出土器物

1、2.陶俑（2005CWTM1：22、2005CWTM1：49）　3.陶狗（2005CWTM1：9）　4.陶鸡（2005CWTM1：12）

5.陶镇墓兽（2005CWTM1：50）　6.琉璃耳珰（2005CWTM1：53）

10. 2005CWTM10

位于发掘B区的T1201内，墓向175°。

（1）墓葬形制

砖室墓，平面呈刀形，由墓室和甬道组成，总长3.6米，墓室长3.51、宽2米；甬道宽1.74、高1.44米。墓葬保存较好，大部分拱顶完好，东西向起券，墓口处一段券顶不存，但不似后代破坏所致，而是建筑墓葬时即是如此（图版二七，1）。拱顶为竖券，墓室竖券共7层，甬道券层不存。东西壁下部条砖共8层，南壁条砖18层。墓室后部东侧的墓底有两排铺地砖，大约长170、宽70厘米，类似棺床，其上有琉璃耳珰及少量人体骨骼，可能是放置死者的地方（图二四；图版二七，2）。墓砖两种：子母口券砖，长42、宽20、厚8厘米，砖纹为连体菱形纹；条砖，长44、宽20、厚8厘米，砖纹为连体菱形纹。

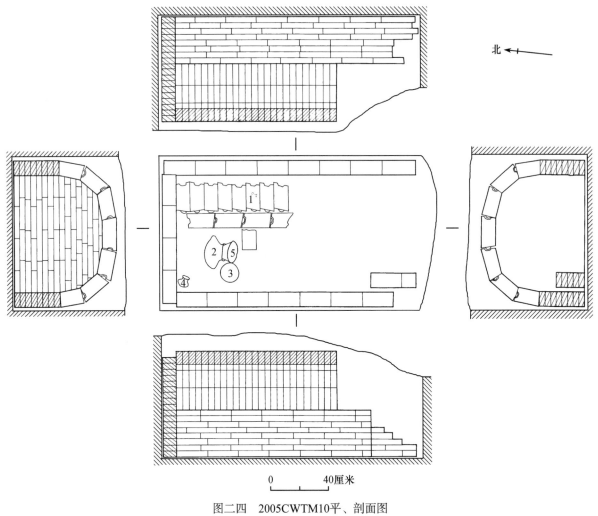

图二四　2005CWTM10平、剖面图

1.琉璃耳珰　2.铁釜　3.铜盆　4.陶罐　5.陶甑

（2）葬具葬式

人骨腐朽严重，只在墓室东侧发现几段肢骨。

（3）出土器物

墓内出土器物5件（套），有铁釜、陶甑、陶罐、铜盆、琉璃耳珰等。

1）陶器　2件。

罐　1件。2005CWTM10：4，泥质灰陶。微敛口，圆唇，短领，广肩，扁鼓腹，小平底。肩部饰两周凹弦纹。口径9.5、腹径16、底径7.5、高11.5厘米（图二五，1；图版二六，3）。

甑　1件。2005CWTM10：5，泥质灰陶。敞口微敛，尖唇，卷沿，上腹部微鼓，下腹壁斜内收，小平底。底有大箅孔。口径31.4、腹径27.5、底径13.5、高18.5厘米（图二五，2；图版二六，4）。

2）铜器　1件。

盆　1件。2005CWTM10：3，敞口，尖唇，宽沿，腹深，下腹微弧，平底。腹中部有一对环耳。口径26、腹径22、底径12、高10.4厘米（图二五，3；图版二六，5）。

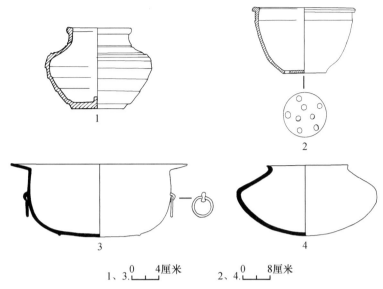

图二五　2005CWTM10出土器物

1. 陶罐（2005CWTM10：4）　2. 陶甑（2005CWTM10：5）　3. 铜盆（2005CWTM10：3）　4. 铁釜（2005CWTM10：2）

3）铁器　1件。

釜　1件。2005CWTM10：2，侈口，扁鼓腹，下腹急收成尖圆底。口径26、腹径41.9、高23厘米（图二五，4）。

4）饰品　2件。

琉璃耳珰　2件。标本2005CWTM10：1，呈灰白色，柱状，上窄下宽，中间有穿孔。上径0.9、底径1.1、高1.7厘米（图版二六，6）。

11. 2005CWTM11

位于发掘C区T2501及其扩方内，墓向4°。

（1）墓葬形制

砖室墓，平面呈"凸"字形，由墓室和甬道组成，总长4.6米，墓室长4.55、宽2.4米，甬道宽1.8米，残存最高1.1米。墓葬上部券层几乎破坏，只在墓室前端和后端保存一层竖券的券砖。墓葬下部条砖层保存较好，墓室中起券的券砖分别在第5、6、7层条砖上起券；甬道中券砖层完全破坏，条砖最高保存7层。甬道口处有2层封门砖。铺地砖比较规整，使用的是专门的铺地砖，长48、宽24、厚5厘米，素面（图二六；图版一九，2）。墓砖厚重，主要有两种：子母口券砖，长44、宽20、厚11厘米，砖纹为连体菱形纹；条砖，长41～42、宽18～19、厚11～12厘米，砖纹两种，一为菱形"十"字纹，另为马拉车画像砖。

（2）葬具葬式

人骨多腐朽，只在墓室中央发现两段不完整的肢骨。

（3）出土器物

墓内出土器物较为丰富，以陶器为主，有钵、罐、甑、壶、杯、魁、熏炉、楼、摇钱树座、水塘等；铜器有耳杯、摇钱树、人俑等，另有大量的铜钱。总计出土器物30件（套）。出

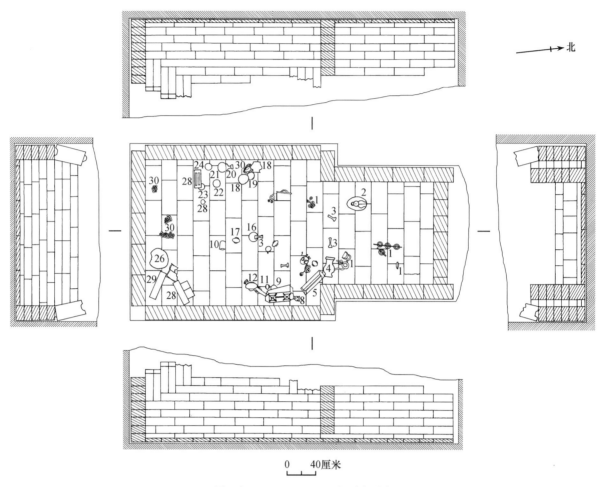

0　　　40厘米

图二六　2005CWTM11平、剖面图

1.铜摇钱树干　2.铜摇钱树座　3.铜器足　4、18.陶壶　5、7、27、28.陶楼　6、17.陶耳杯　8、13.陶人俑　9、16、19、21.陶钵
10、23.陶罐　11、12、14.铜耳杯　15、25.陶魁　20、22.陶熏炉　24.陶杯　26.陶甀　29.陶池塘　30.铜钱
（图中叠压器物未标注序号）

土器物主要放置在墓内的边角地带，其中甬道主要是摇钱树及座。青铜摇钱树锈蚀严重不能复原，清理出部分树干、枝叶及枝叶上缀满的方孔铜钱，根据痕迹走向，估计铜树的高度可达200厘米。陶楼和水塘模型均放置在墓室东侧。墓室后部还发现大片漆皮，部分可见席纹，不知为何物，墓中出土4件青铜矮足，疑为漆案之类器物上的附件。有的铜钱出土时成串放置。

1）陶器　20件

摇钱树座　1件。2005CWTM11：2，泥质红陶。合范制成，两侧可见合范痕迹。整个器身可分成上、中、下三层。上层为一兽，似狮，大口，眼珠凸出，四肢壮硕。刻画双翼；其前肢撑起，后肢下蹲，背驮一柱体，中空，为插摇钱树干之用；柱体后一人，骑在该兽的背上。中层也是一兽，头部似龙，下伸，大口，有角，有耳；身体壮硕，四肢直立，似猛兽类，有双翼，尾部刻画下垂的羽毛状物；该兽身下两侧各有一双手上举的力士。下层为椭圆形，外壁刻画歌舞人物；以上层动物头部为前方向，椭圆形左侧刻画四人：最前端一树，树下一人跪坐吹笙，其后一人在奏乐，第三人作折袖舞，最后一人似在抚琴；右侧三人：最前似为第二层动物嘴中下吐的枝蔓，第一人为壮汉表演，第二人作折袖舞，第三人盘坐吹乐，最后为一树。满身涂白色彩料，白色彩料多有脱落。高40.2、底径27~32.6厘米（图二七，1；图版二八，1、2）。

　　楼　4件。均为泥质灰陶。2005CWTM11：5，整体呈长方形，分为里屋和长廊两部分。悬山式顶，屋脊平直，两端上翘；屋顶为两面坡，坡度较缓。屋檐下为长而宽的长廊，廊檐中部下端有一斗拱，斗拱下一方形立柱。长廊内壁即里屋外壁的左侧开单扇门，右侧开双扇门，门前有踏步。两门之间开一窗，窗的左侧贴塑一弩一盾。里屋不分间，宽度与外长廊相当。长41.5、宽15.5、高21厘米（图二七，2；图版二八，3）。2005CWTM11：7，上、下可分两层，下层是一楼牌，为半地穴式，外廊地面高出里屋底部7厘米左右，外廊为一处平地，无围栏；外廊之内是里屋，里屋不用门扉，而用斗拱、立柱当作门，斗拱下和立柱侧装饰圆形灯笼；斗拱之上是宽阔的楼牌墙板，无装饰，之上是屋顶；屋顶为平面式，以中脊为界亦分前、后顶，前顶塑出八条瓦棱，中脊外侧和瓦棱前端装饰圆饼形瓦头。上层是屋顶中脊和后顶之上的三座

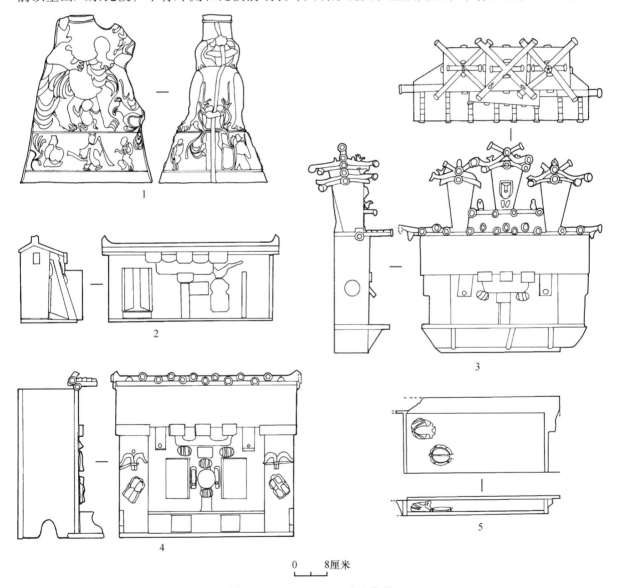

图二七　2005CWTM11出土陶器

1. 摇钱树座（2005CWTM11：2）　2~4.楼（2005CWTM11：5、2005CWTM11：7、2005CWTM11：28）

5. 水塘（2005CWTM11：29）

小阁楼，阁楼呈下小上大的斗形。中间阁楼正面开一小窗，窗内贴塑一人俑头。三个小阁楼的顶部装饰一致，均为四面坡，对角线式屋脊，在四个屋脊的前端均装饰圆饼形瓦头。屋脊的中间又有两条短而上翘的屋脊，其中装饰一小鸟。高51.6、宽52厘米（图二七，3；图版二八，4）。2005CWTM11：27，残缺，形制与2005CWTM10：5一致，残存一段两面坡顶、里屋和外廊。残长18.4、宽10、高15.2厘米。2005CWTM11：28，形制与2005CWTM10：5大体相当，但更为复杂，形体也更为高大，整体可分为里、中、外三层。最外层是外廊，在屋檐之外，两侧有矮围栏，正中有梯形踏步。中层是内廊，在屋檐之下，屋檐为单面坡，屋脊两端上翘，顶坡上塑出七条瓦楞脊，装饰圆饼状瓦头；内廊的外壁酷似楼牌，上部是素装的平板，其下正中有斗拱，斗拱下是方形立柱，在拱下和立柱外侧贴塑圆形灯笼；楼牌的两侧立板上各贴塑出一对弩、盾。内廊宽阔，直通屋顶。里层是里屋，顶部为带镂孔的楼板，里屋不分间，里屋正中开两门，均为单扇，门侧各有曲形装饰。长47.5、宽21、高40厘米（图二七，4；图版二八，5）。

　　水塘　1件。2005CWTM11：29，泥质红陶。平面呈长方形，宽沿，四周有矮围栏，围栏内有残存的青蛙、乌龟等动物形象，推测为房屋前的池塘或稻田。残长42、宽18.5、高4.4厘米（图二七，5；图版二八，6）。

　　壶　2件。均为泥质红陶。2005CWTM11：4，盘较浅，束颈，扁圆腹，圈足残。上腹部饰两道凹弦纹，一对铺首衔环。钵形盖，纽残。红胎褐釉，多已脱落。口径14.6、腹径19.2、通体残高30厘米（图二八，1；图版二九，1）。2005CWTM11：18，盘较浅，长粗颈，扁圆腹，圈足较高。上腹部饰三道凹弦纹，一对铺首衔环。圆弧形盖，上有盲纽。红胎黄釉，多已脱落。口径13.8、腹径20、底径14.6、盖径13.6、通高31.6厘米（图二八，2；图版二九，2）。

　　甑　1件。2005CWTM11：26，泥质灰陶。敞口，尖唇，卷沿，沿面内扣，上腹部微鼓，下腹斜内收，小平底。底部大箅孔。口径33.5、腹径31.7、底径13、高19厘米（图二八，3；图版二九，3）。

　　罐　2件。均为泥质灰陶。2005CWTM11：10，子母口，折肩，筒形腹，腹稍深，腹壁略内收，近底部腹壁急收，小平底。口径7.4、腹径11.4、底径5.4、高11.5厘米。2005CWTM11：23，子母口，折肩，筒形腹，较深，腹中部微鼓，平底。口径9.6、腹径11.2、底径6.5、高11.5厘米（图二八，4；图版二九，4）。

　　钵　4件。均为泥质红陶。2005CWTM11：9，微敛口，方唇，上腹壁稍直，下腹壁斜收，平底。外壁饰一周凹弦纹。口径12.8、底径5.4、高5.2厘米。2005CWTM11：16，直口，方唇，上腹壁稍直，下腹壁斜收，平底。外壁饰一周凹弦纹。口径12.2、底径5.4、高4.6厘米（图二八，5；图版二九，5）。2005CWTM11：19，直口，圆唇，上腹壁稍直，下腹壁斜收，平底。口径11.2、底径5、高5.2厘米。2005CWTM11：21，微敛口，方唇，上腹壁稍直，下腹壁斜收，平底。外壁饰一周凹弦纹。口径11.6、底径5、高4.2厘米（图二八，6；图版二九，6）。

　　杯　1件。2005CWTM11：24，泥质红陶。微敛口，直腹稍内收，平底。腹外壁有一道凹弦纹，无鋬。口径8.4、腹径7.4、底径4.4、高4.8厘米（图二八，7；图版三〇，1）。

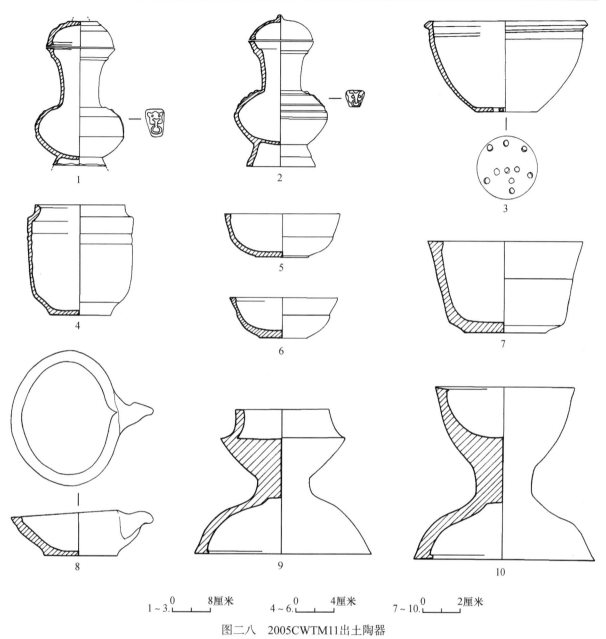

图二八　2005CWTM11出土陶器

1、2.壶（2005CWTM11：4、2005CWTM11：18）　3.甑（2005CWTM11：26）　4.罐（2005CWTM11：23）
5、6.钵（2005CWTM11：16、2005CWTM11：21）　7.杯（2005CWTM11：24）　8.魁（2005CWTM11：15）
9、10.熏炉（2005CWTM11：20、2005CWTM11：22）

魁　2件。均为泥质红陶。2005CWTM11：15，敛口，斜腹，下腹内收，平底。鋬以口沿捏制而成。口径5.65、底径3.9、高2.3厘米（图二八，8；图版三〇，2）。2005CWTM11：25，钵形，浅腹近直，平底，矮饼形足。鋬以口沿捏制而成。口径4.7、底径2.4、高2厘米。

熏炉　2件。均为泥质红陶。2005CWTM11：20，豆形，深盘，子母口，束腰，短柄，大喇叭状圈足。缺盖。口径5、底径9.5、高7.5厘米（图二八，9；图版三〇，3）。2005CWTM11：22，豆形，敛口，平沿，上盘较深，短柄，大喇叭状圈足。缺盖。口径7.5、底径9.8、高9厘米（图二八，10；图版三〇，4）。

2）铜器　10件（套）。

摇钱树干、枝叶　1件。2005CWTM11：1，铜摇钱树干，出土于甬道和墓室的前端，破碎成多段，枝叶锈蚀严重，横躺于地，据其出土的痕迹计算，不加器座，树高190厘米。现场提取的只有两段树干和几片装饰的枝叶。树干为扁圆形，其上以细密线条刻画水波纹。树干上等距离装饰环形物，树干和环形物之间有一小型动物，动物后肢跪坐，前肢挂在后肢膝盖上，大头，大嘴，凸肚。环形物上以细线刻画树草枝蔓纹，环形物外侧多已残缺，有的保留有枝叶，一些枝叶上悬挂圆形方孔铜钱。树干长径2.1、短径1.1、残长48.5厘米；枝叶残径11.2、厚0.01厘米（图二九，1、2；图版三〇，5、6）。

人俑　2件。2005CWTM11：13，女俑，戴平顶花形冠，五官清晰；内着圆领衣，外着交领长袍，交领上装饰花纹，袍至脚踝，右衽，束腰，平底鞋；宽袖，双手拱立胸前。高42、宽3.8~9.6厘米（图二九，3；图版三一，1、2）。2005CWTM11：8，男俑，直立，戴平顶冠，五官清晰，大眼，满嘴胡须；内着圆领衣，外着交领长袍，右衽，束腰；窄袖，右手下垂，左手持盾。高44.8、宽9.6厘米（图二九，4；图版三一，3、4）。

器足　一套4件。2005CWTM11：3，整体呈亚腰状，上端为长方形，上有榫头，下端为马蹄形足。高13厘米（图二九，5；图版三一，5）。

耳杯　5件。2005CWTM11：6，敞口，杯身较浅，斜腹，平底。耳与杯口近平，耳上刻画对三角式几何纹，两两相对的三角纹可拼成菱形纹。短径5、长径8.4、高1.8厘米。2005CWTM11：11，敞口，深弧腹，底残。耳与杯口近平，耳上刻画对三角式几何纹，有三角纹可拼成菱形纹。短径5、长径8.1、高2厘米（图二九，6；图版三一，6）。2005CWTM11：12，敞口，耳与杯口平，耳末端沿上翘，斜腹，平底。耳上刻画三角式几何纹，内底刻画一鱼纹。短径10.8、长径17、高4厘米（图二九，7；图版三二，1）。2005CWTM11：14，残缺近半。敞口，深弧腹，上腹近直，平底。耳与杯口近平，耳上刻画对三角式几何纹，有三角纹可拼成菱形纹饰。短径残、长径8.2、高2.2厘米（图二九，8；图版三二，2）。2005CWTM11：17，口沿缺。浅弧腹，平底。两耳稍斜，耳上刻画对三角式几何纹，有三角纹可拼成菱形纹饰。内底刻画一鱼纹。短径4.8、长径8.6、高1.9厘米。

铜钱　分为五铢钱和货泉（图版三二，3）。在墓室近南壁和近西壁出土。墓室西部红陶钵上成串放置，锈蚀严重，粘成一体，近百枚。墓室南部零散三组放置，有四五十枚。

五铢钱　2005CWTM11：30-1，方孔圆钱，正面有轮无郭，背面轮郭俱全。"五"字中间两笔交叉弯曲；"铢"字的"金"字头呈"镞"形、与"朱"等齐，"朱"字上部圆折、下部方折。直径2.6、穿径0.95、厚0.13厘米。

货泉　2005CWTM11：30-2，方孔圆钱，内外郭较宽，钱纹清晰，对读。直径2.25、穿径0.7厘米。

12. 2005CWTM12

位于发掘C区T2503、T2603及扩方内，墓向3°。

（1）墓葬形制

砖室墓，由墓室和甬道组成，墓葬破坏严重，其北、西侧各有一个现在的扰坑，将墓葬打

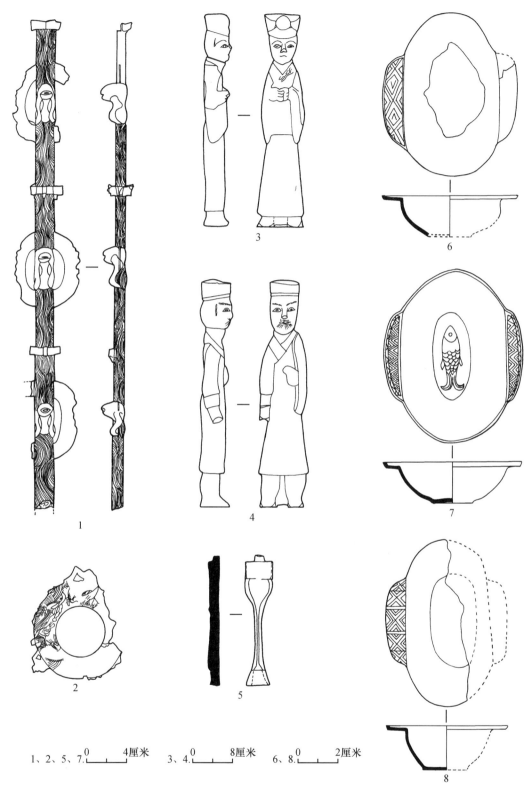

图二九　2005CWTM11出土器物

1、2.铜摇钱树干、枝叶（2005CWTM11：1）　3.陶女俑（2005CWTM11：13）　4.陶男俑（2005CWTM11：8）

5.铜器足（2005CWTM11：3）　6～8.铜耳杯（2005CWTM11：11、2005CWTM11：12、2005CWTM11：14）

破，墓内堆积土层中有大量的陶片。北壁仅存底部一层砖，西壁不存，南壁最高保存6层砖，东壁最高保存6层砖。整个墓葬残长3.2米，墓室残长3.2、宽2.8米，甬道破坏殆尽，具体尺寸不明（图三〇；图版三三，1）。铺地砖不够规整，多是用残断的半砖铺成。墓砖两种：子母口券砖，为墓内堆积物，推测原是墓顶的券砖，长41、宽18、厚10厘米，砖纹为连体菱形纹；条砖，长40、宽18、厚11厘米，砖纹为"十"字纹（图版三四，1）。

（2）葬具葬式

人骨保存不好，难以辨认葬具和葬式。

（3）出土器物

尽管破坏严重，仍然出土了4件可复原器物，有铜耳杯、陶罐、陶摇钱树座、陶熏炉等。

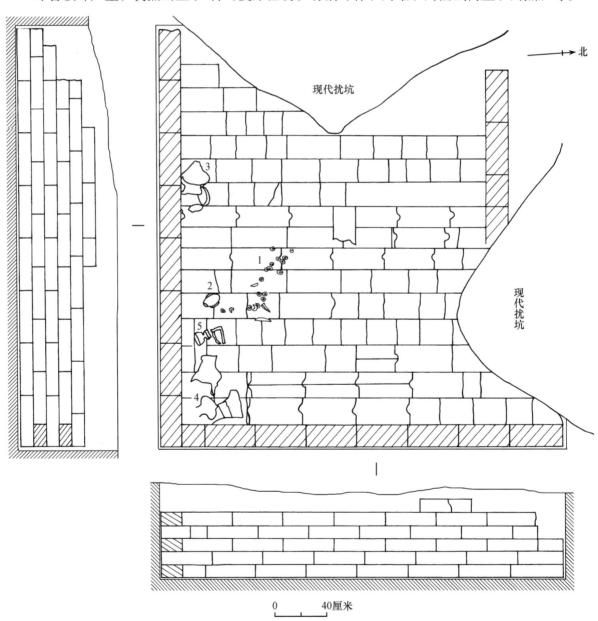

图三〇　2005CWTM12平、剖面图

1. 铜钱　2. 铜耳环　3. 陶罐　4. 陶摇钱树座　5. 陶熏炉

1）陶器 3件。

摇钱树座 1件。2005CWTM12∶4，泥质红陶。两侧可见合范痕迹，整个器身可以分两层来描述，上下层间以一条带状物隔断。上层雕塑一羊的形象，羊角卷曲，羊的四肢弯曲，似在奔走，在前肢的上端画双翼，羊尾部下垂羽毛状物，羊身下有两棵枝蔓；一人骑在羊身上，上身五官不清晰，下肢紧贴在羊腹部；在羊头和人之间有一柱形，中空，为插摇钱树干之用。下层为椭圆形，外壁刻画人和动物：以上层羊头部为前方向，椭圆形左侧刻画三只羊，正在行走，姿态各异；右侧两只羊，两羊之间有一人。长28、宽26、高39厘米（图三一，1；图版三二，4~6）。

罐 1件。2005CWTM12∶3，泥质灰陶。直口，腹较浅，腹壁略内收，近底部腹壁急收，平底。口径8、腹径10、底径7.2、高7.7厘米（图三一，2；图版三五，1）。

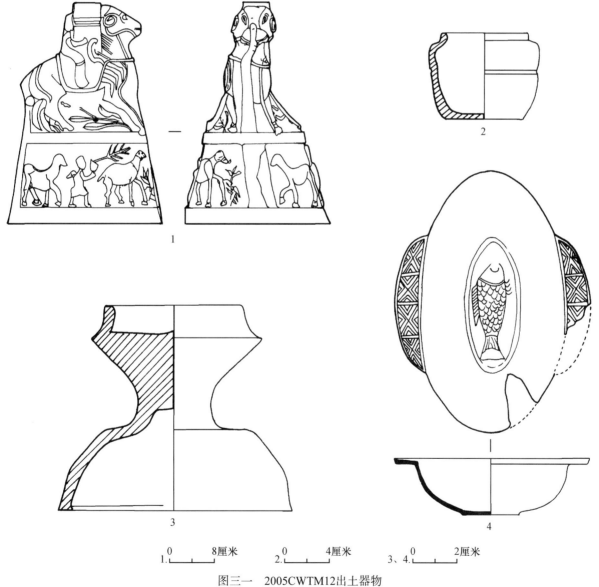

图三一 2005CWTM12出土器物

1.陶摇钱树座（2005CWTM12∶4） 2.陶罐（2005CWTM12∶3） 3.陶熏炉（2005CWTM12∶5）

4.铜耳杯（2005CWTM12∶2）

熏炉　1件。2005CWTM12：5，泥质红陶。豆形，深盘，子母口，束腰，有短柄，大喇叭状圈足。口径6.1、底径10.4、高9厘米（图三一，3；图版三五，2）。

2）铜器　1件。

耳杯　1件。2005CWTM12：2，敞口，深弧腹，平底。耳与杯口平，耳上刻画对三角式几何纹，内底刻画一鱼。短径6.5、长径11.5、高2.5厘米（图三一：4，图版三五，3）。

（二）石室墓

1. 2001CWTM11

位于发掘区东侧，墓向6°。

（1）墓葬形制

石室墓，平面呈刀形，墓葬由墓室和甬道组成，总长4.1米。甬道长1.54、宽1.3米，出口处有封门石。墓室长4.08、宽1.9米。保存不好，墓壁仅余一两层石条，现存高为0.35米。垒墓壁的条石经过加工，较为整齐；墓底铺设较大的石块，石块形状则不甚规整（图三二）。

（2）葬具葬式

墓内仅剩两段肢骨，头骨处只见朽痕。

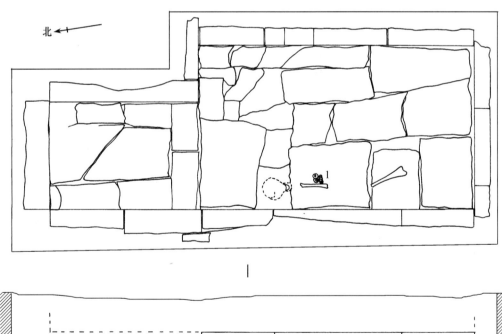

北

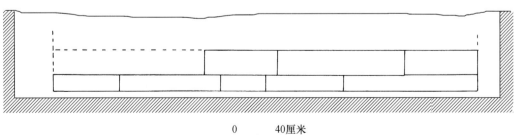

0　　　　40厘米

图三二　2001CWTM11平、剖面图

1. 铜钱

（3）出土器物

除铜钱外，不见其他器物。共有铜钱11枚，其中1枚为"五铢"，其余均为"大泉五十"。

2001CWTM11：1，五铢，1枚。方孔圆钱，正面有轮无郭，背面轮郭俱全。直径2.6、孔径0.95、厚0.13厘米。

2001CWTM11：2，大泉五十，10枚。方孔圆钱，直径2.7、孔径0.9、厚0.2厘米。

2. 2001CWTM13

位于发掘区东侧，墓向16°。

（1）墓葬形制

石室墓，平面呈长方形，墓室长3.3、宽1.6米，现存最高高度约为1米。保存状况较好，保留了4~6层起券的墓壁。垒墓的石块内面经过了加工，石块的外面没有加工，显得参差不齐。墓壁起券的多为片石，厚约5厘米，底部石块稍厚，约10厘米。墓室出口稍残，不见封门石，墓底没有铺地石（图三三；图版三三，2）。

（2）葬具葬式

墓中清理出人骨架2具，各自靠近墓壁两侧，头向相反。其中右侧的一具头向与墓向一致，仰身直肢，身上放置许多零散铜钱；左侧的一具亦为仰身，肢骨相交。

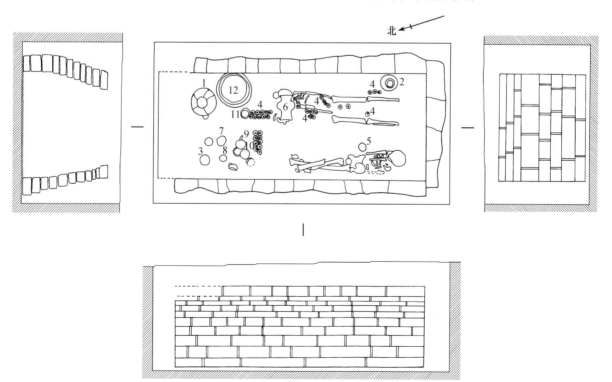

图三三　2001CWTM13平、剖面图

1、2.陶罐　3、5、8~11.陶钵　4.铜钱　6.陶壶　7.陶魁　12.铁釜

（3）出土器物

墓内出土的器物共有11件，多集中在墓室的出口处。有陶器10件；铁釜已锈蚀，未提取。铜钱13枚，均为"五铢"。

1）陶器 10件。

罐 2件。均为泥质灰陶。2001CWTM13：1，小口，卷沿，圆唇，广肩，斜弧腹，圜底。肩及底饰绳纹。口径11、腹径31、高16厘米（图三四，1；图版三五，4）。2001CWTM13：2，小口，卷沿，宽肩，鼓腹，平底。口径9.2、腹径19、底径10.5、高16.5厘米（图三四，2）。

钵 5件。均为泥质红陶。2001CWTM13：10，敛口，圆唇，卷沿，凸腹，平底。口径10.6、底径4.5、高3.8厘米（图三四，3；图版三五，5）。2001CWTM13：9，敛口，圆唇，弧壁，平底。口径10、底径4.5、高3.2厘米。2001CWTM13：5，敛口平沿，斜壁，平底。腹饰凹弦纹。口径10.7、底径4.6、高3.9厘米（图三四，4）。2001CWTM13：11，敞口，圆唇，平沿，浅腹，平底。口径11.2、底径4.8、高3.5厘米（图三四，5）。2001CWTM13：3，敞口，圆唇，卷沿，浅盘，平底。口径12.5、底径4.5、高2.7厘米。

魁 1件。2001CWTM13：7，泥质红陶。敞口，斜壁，平底。器体较小，一侧的把手捏成流形。口径6.5、底径4、高2.8厘米（图三四，6）。

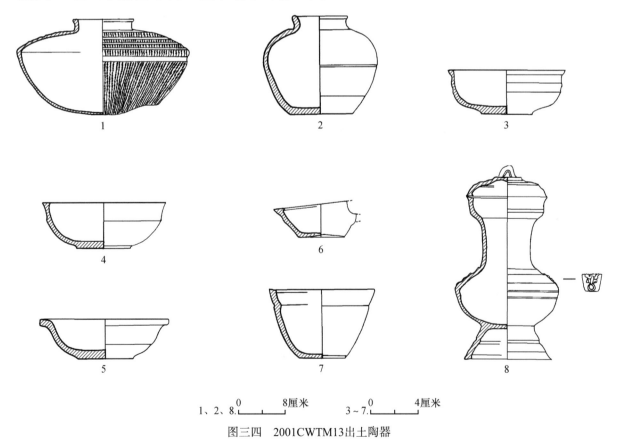

图三四　2001CWTM13出土陶器

1、2.罐（2001CWTM13：1、2001CWTM13：2） 3~5.钵（2001CWTM13：10、2001CWTM13：5、2001CWTM13：11）
6.魁（2001CWTM13：7） 7.杯（2001CWTM13：8） 8.壶（2001CWTM13：6）

　　杯　1件。2001CWTM13：8，泥质红陶。敞口，宽平沿，方唇，腹较深，下腹斜内收，平底。外壁饰凹弦纹。口径9.2、腹径8、底径4、高6厘米（图三四，7；图版三五，6）。

　　壶　1件。2001CWTM13：6，泥质红陶。侈口，平沿，圆唇，长直颈，弧肩，扁圆腹，高圈足。覆碟式盖，上有一环形纽。胫部饰凹弦纹，腹部饰一对铺首衔环和数周凸弦纹。红胎绿釉，器表施釉处已脱落。口径13.9、腹径18.1、底径15、通高32.5厘米（图三四，8；图版三六，1）。

　　2）铜钱　13枚。均为五铢。

　　五铢　13枚。方孔圆钱，正面有轮无郭，背面轮郭俱全。直径2.5、孔径0.95、厚0.12厘米（图版三六，2）。

二、蜀　汉　墓

　　仅发现一座，砖室墓，墓葬形制与东汉墓葬没有区别，仅能依靠墓中出土的蜀汉钱币"直百五铢"和随葬器物的时代来判定墓葬的年代。

2001CWTM10

　　位于发掘区中部偏北，墓向358°。

　　（1）墓葬形制

　　砖室墓，墓葬由甬道和墓室组成，总长4.8米。甬道长1.84、宽1.34米；墓室长4.26、宽2.81米。下部保存状况尚好，墓葬上部的竖券砖层几乎已被破坏，现存最高高度为0.6米，仅在墓室底部的右半侧有铺地砖，多为半块的碎砖（图三五；图版三三，3）。墓内仅见子母口券砖，用于垒壁和起券，砖长约38、宽18、厚约8厘米。砖纹一种，为连体菱形纹。

　　（2）葬具葬式

　　在甬道和墓室的后部发现许多人体肢骨及牙齿，应不止一个个体。

　　（3）出土器物

　　墓内共出土器物31件。有陶器30件、银钗1件，另有80枚铜钱。另外在墓室内发现了一些红色和黑色漆皮，均已看不出器形。

　　1）陶器　30件。

　　钵　8件。泥质红陶。5件。2001CWTM10：25，敞口，圆唇，卷沿，弧腹，小平底。腹外壁饰凹弦纹。口径12.3、底径4.2、高3.5厘米。2001CWTM10：27，敞口，圆唇，卷沿，深腹，平底。腹外饰凹弦纹。口径12、底径4.2、高5厘米（图三六，1；图版三六，3）。2001CWTM10：31，敛口，方唇，浅腹，平底。腹外饰凹弦纹。口径11.6、底径7.2、高3.6厘米（图三六，2）。2001CWTM10：26，直口，方唇，深腹，平底。口径15.5、底径6、高7厘米。2001CWTM10：2，敞口，圆唇，平沿，弧腹，小平底。腹外饰凹弦纹。口径12.2、底径6、高4.7厘米。泥质灰陶，3件。2001CWTM10：21，敞口，圆唇，斜壁，平底。口径17.5、底

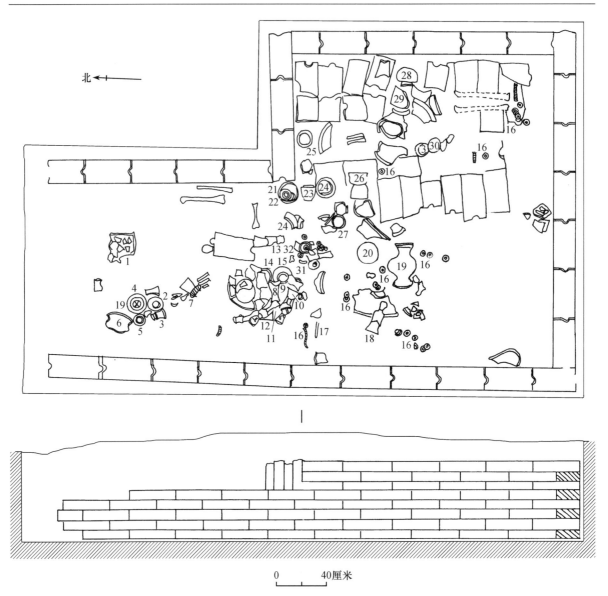

北 ←

图三五 2001CWTM10平、剖面图

1、29.陶甑 2、14、21、25～27、31.陶钵 3.陶熏炉 4、5.陶杯 6、22.器盖 7～13、18.陶俑 15、23、24、28、32.陶罐 16.铜钱 17.银钗 19.陶壶 20.云纹器盖 30.陶魁

0 ———— 40厘米

径6.5、高7.7厘米（图三六，3；图版三六，4）。2001CWTM10：22，敞口，圆唇，斜壁，平底。口径17.4、底径4.6、高6.3厘米（图三六，4）。2001CWTM10：14，敞口，圆唇，斜壁，平底。口径11.6、底径5.6、高4.1厘米。

罐 4件。泥质红陶，1件。2001CWTM10：24，直口，方唇，折肩，弧腹，平底，肩上有对称的两把手。口径10.8、腹径15、底径7.6、高8厘米（图三六，5；图版三六，5）。泥质灰陶，3件。2001CWTM10：32，敛口，折肩，直壁，平底。腹饰凹弦纹。口径10、腹径15.8、底径13.4、高16厘米（图三六，6；图版三六，6）。2001CWTM10：23，敛口，短颈，折肩，直壁，平底。壁上饰一道凹弦纹。口径8.6、腹径10.8、底径6.6、高11.7厘米（图版三七，1）。2001CWTM10：28，小口，圆唇，卷沿，直领，宽肩，折腹，圜底。口径12、腹径19.9、高12.5厘米（图三六，7；图版三七，2）。

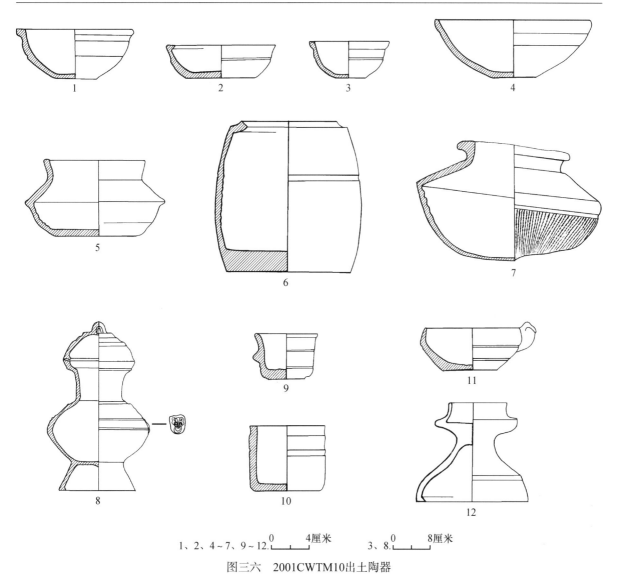

1、2、4～7、9～12. ┠0─────4厘米┨　　3、8. ┠0─────8厘米┨

图三六　2001CWTM10出土陶器

1～4. 钵（2001CWTM10：27、2001CWTM10：31、2001CWTM10：21、2001CWTM10：22）　5～7. 罐（2001CWTM10：24、2001CWTM10：32、2001CWTM10：28）　8. 壶（2001CWTM10：19）　9、10. 杯（2001CWTM10：4、2001CWTM10：5）　11. 魁（2001CWTM10：30）　12. 熏炉（2001CWTM10：3）

壶　1件。2001CWTM10：19，泥质红陶。侈口，平沿，圆唇，束颈，弧肩，扁圆腹，高圈足。覆碗式盖，上有一环形纽。腹部饰一对铺首衔环和凹弦纹。红胎褐釉，器盖及圈足施釉处已脱落。口径15.3、腹径22、底径16.4、盖径15.6、通高35.5厘米（图三六，8；图版三七，3）。

杯　2件。均为泥质红陶。2001CWTM10：4，口微侈，深腹，斜直壁，平底。口沿一侧有一乳状纽，外腹饰凹弦纹。口径6.6、腹径5.9、底径2.2、高4.8厘米（图三六，9；图版三七，4）。2001CWTM10：5，直口，窄平沿，直壁，深腹，平底。腹外壁饰三道凹弦纹。口径8、腹径8.3、底径7.4、高7厘米（图三六，10；图版三七，5）。

魁　1件。2001CWTM10：30，泥质红陶。敛口，圆唇，鼓腹，下腹内收，平底。鸟首鋬，较短小。外腹饰凹弦纹。口径10、底径5.8、高4.5厘米（图三六，11；图版三七，6）。

熏炉 1件。2001CWTM10：3，泥质红陶。子母口，圆唇，弧腹，喇叭形柄，覆碗形底座。缺盖。口径6.2、底径12、通高10.4厘米（图三六，12；图版三八，1）。

甑 2件。均为泥质灰陶。2001CWTM10：1，尖唇，折沿，深腹，小平底。口径38.4、底径16、高22厘米。2001CWTM10：29，圆唇，折沿，浅腹，平底。底有小孔。口径14.9、腹径14.3、底径5.2、高5.4厘米（图三七，1；图版三八，2）。

盂 1件。2001CWTM10：15，泥质红陶。方唇，卷沿，折肩，平底。肩部有对称乳状纽，腹饰凹弦纹。通体褐釉。口径12.4、腹径13.2、底径9.54、高8厘米（图三七，2；图版三八，3）。

器盖 2件。2001CWTM10：20，泥质红陶。浅盘形，口微敛，直壁，圆顶。顶饰卷云纹。口径14.4、高3厘米（图三七，3；图版三八，4）。

俑 8件。均为泥质红陶。2001CWTM10：7，男俑，头戴冠帽，身着交领宽袖长袍，拱手

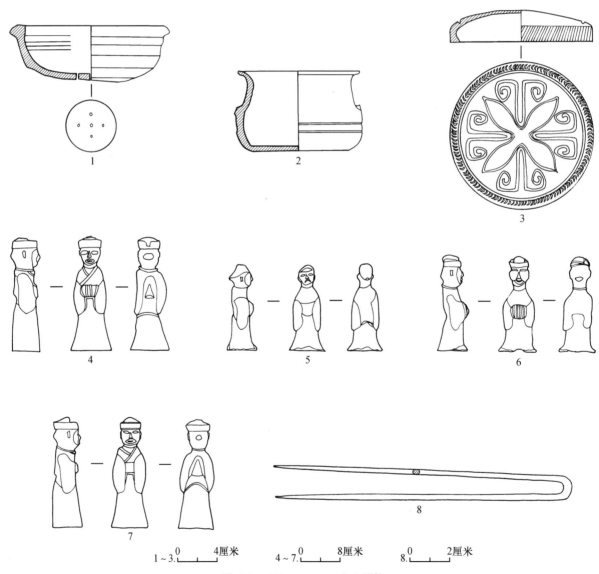

图三七 2001CWTM10出土器物

1. 陶甑（2001CWTM10：29） 2. 陶盂（2001CWTM10：15） 3. 陶器盖（2001CWTM10：20）

4～7. 陶俑（2001CWTM10：7、2001CWTM10：8、2001CWTM10：9、2001CWTM10：13） 8. 银钗（2001CWTM10：17）

侍立。高22.8厘米（图三七，4；图版三八，5）。2001CWTM10：8，女俑，头后挽髻，宽袖长袍，拱手侍立。高17厘米（图三七，5；图版三八，6）。2001CWTM10：9，男俑，头戴冠巾，身着宽袖长袍，拱手侍立。高19厘米（图三七，6；图版三九，1）。2001CWTM10：10，男俑，头戴冠帽，身着交领宽袖长袍，拱手侍立。高25.2厘米。2001CWTM10：11，男俑，头戴冠巾，身着宽袖长袍，拱手侍立。高22.8厘米。2001CWTM10：12，男俑，头戴冠帽，身着交领宽袖长袍，拱手侍立。高25.4厘米。2001CWTM10：13，男俑，头戴冠帽，身着交领宽袖长袍，拱手侍立。高22.4厘米（图三七，7；图版三九，2）。2001CWTM10：18，男俑，头戴冠帽，身着交领宽袖长袍，拱手侍立。高26.2厘米。

2）装饰品　1件。

银钗　1件。2001CWTM10：17，钗首较钗脚稍粗。长15.5厘米（图三七，8）。

3）铜钱　27枚。

钱币有直百五铢和五铢两种（图版三九，3）。

直百五铢钱　21枚。圆形方孔，钱文"直百五铢"。直径2.2～2.5厘米。

五铢钱　6枚。圆形方孔，钱文"五铢"。直径2.5厘米。

三、六　朝　墓

六朝墓共发现19座，分为砖室墓（19座）和石室墓（1座）两种，墓葬形制未产生大的区别。墓葬习俗和随葬器物与东汉墓差别较大。在墓葬习俗上，严格按照夫妻合葬墓布置和埋葬，未发现家族合葬的情况。随葬器物以瓷器为主，而东汉墓以陶器为主，仅见原始瓷器的现象差别较大。随葬品按照夫妻摆放位置分别放置在砖室墓两侧，器物组合大致相同。

（一）砖室墓

1. 2001CWTM3

位于发掘区中部，墓向5°。

（1）墓葬形制

砖室墓，平面呈刀形，墓葬由甬道和墓室组成，总长7.94米。甬道长2.34、宽1.9米。墓室较为狭长，长5.6、宽2.94米。破坏较为严重，墓壁现存最高高度为0.52米，墓出口处已破坏至底部（图三八）。

墓内花纹砖有券砖和条砖。砖纹有四种：①莲花纹，见于楔形券砖；②"富贵"纹，见于梯形子母口券砖；③菱形十字纹，见于梯形子母口；④车轮对钱网格纹，见于条砖。

（2）葬具葬式

墓内未发现人骨痕迹。

（3）出土器物

墓内出土1件瓷碗、3枚"五铢"铜钱。另外有4枚鹅卵石。

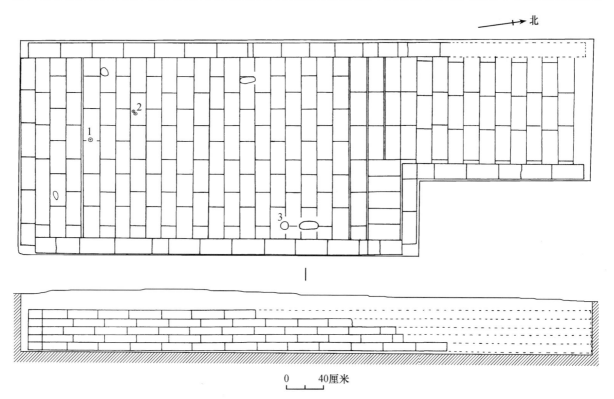

图三八　2001CWTM3平、剖面图
1、2.铜钱　3.瓷碗

　　碗　1件。2001CWTM3：3，口稍敛，圆唇，斜壁，假圈足。口径8.8、底径4.6、高3.7厘米。

2. 2001CWTM8

位于发掘区西部，墓向56°。

（1）墓葬形制

砖室墓，平面呈刀形，墓葬由甬道和墓室组成，总长5.74米。甬道长1.64、宽1.4米，甬道出口处残存一层封门砖。墓室长4.1、宽1.84米。上部被两座近现代土坑墓所打破，破坏较为严重，墓壁现存最高处0.4米，有的墓壁已经荡然无存，墓底有铺地砖（图三九）。

墓内仅见条砖，砖纹有两种，即车轮纹和连体菱形纹。

（2）葬具葬式

墓内没有发现人骨痕迹。

（3）出土器物

未发现完整的器物，仅见两片瓷碗类的残片。

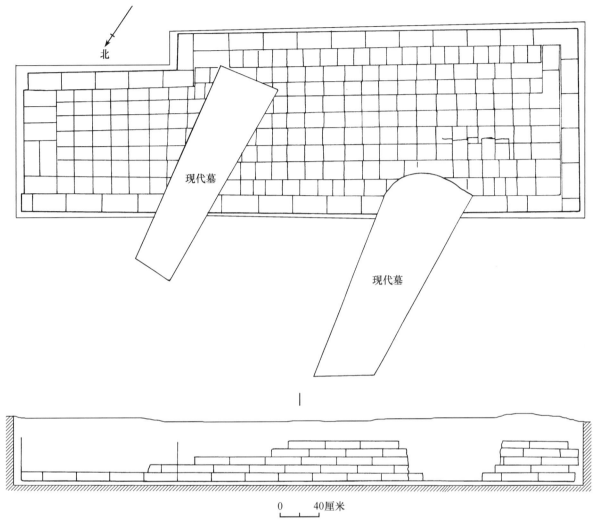

北

现代墓

现代墓

0   40厘米

图三九　2001CWTM8平、剖面图

3. 2001CWTM15

位于发掘区东南侧，墓向170°。

（1）墓葬形制

砖室墓，平面呈"凸"字形，墓葬由墓道、甬道、墓室组成，总长6.04米。墓道长0.4、宽1.36米。甬道长2.6、宽2.28米，其出口处有3层封门砖。墓室长3.04、宽3.24米。保存不好，墓壁保存的最高高度为1.04米，最低处只有0.32米。墓底的铺地砖较为整齐，甬道前端以券砖铺地，其他部分以条砖铺地（图四〇；图版四〇，1）。

墓内有条砖和券砖两种：条砖长44、宽20、厚11厘米；券砖长约40、宽20、厚11厘米。砖纹均为车轮纹，条砖和券砖略有差别（图版三四，2）。

（2）葬具葬式

墓内人骨较为零乱，甬道和墓室里都有。

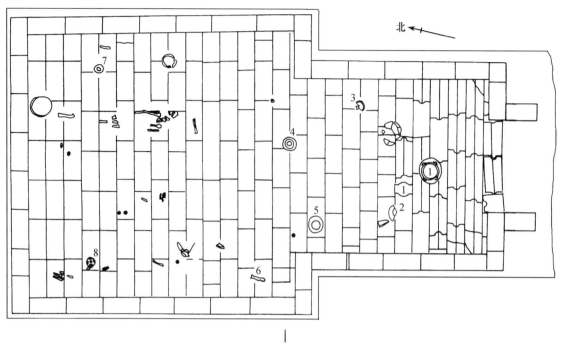

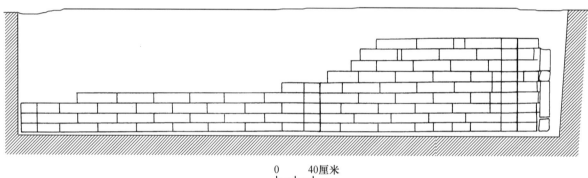

图四〇　2001CWTM15平、剖面图
1.瓷罐　2、3、5、7.瓷碗　4.瓷盘　6.陶俑　8.瓷壶

（3）出土器物

墓内出土器物较为零乱。完整器物有8件：7件瓷器、1件陶俑。另外还有1件红陶器盖、1件漆器盖及鎏金铜泡残片、多枚小串珠、指环等。红陶器盖直径20余厘米，不过器体破损较甚，未能复原。漆器盖只余红色漆皮，轮廓十分清楚。指环腐朽过甚，没能取出。

1）瓷器　7件。

盘口壶　1件。2001CWTM15∶8，直口，束颈，溜肩，鼓腹，平底。肩饰4个对称的桥形纽，外壁通施青釉。口径5、腹径10、底径6、高12.8厘米（图四一，1；图版三九，4）。

四系罐　1件。2001CWTM15∶1，小口，圆唇，溜肩，深鼓腹，平底。颈、肩之间饰4个对称的桥形纽，口沿外饰凹弦纹。施黄釉及腹。口径11.4、腹径16.4、底径11、高19厘米（图四一，2；图版三九，5）。

碗　4件。2001CWTM15∶2，敛口，圆唇，斜壁，平底。沿下饰宽凹弦纹，施青釉。口径19.8、底径12.4、高6.5厘米（图四一，3；图版三九，6）。2001CWTM15∶5，微敛口，圆

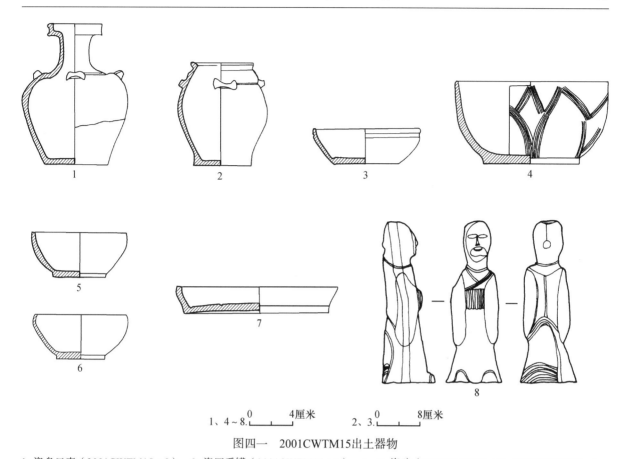

1、4～8. 0————4厘米   2、3. 0————8厘米

图四一　2001CWTM15出土器物

1. 瓷盘口壶（2001CWTM15∶8）　2. 瓷四系罐（2001CWTM15∶1）　3～6. 瓷碗（2001CWTM15∶2、2001CWTM15∶5、
2001CWTM15∶3、2001CWTM15∶7）　7. 瓷盘（2001CWTM15∶4）　8. 陶俑（2001CWTM15∶6）

唇，壁直，腹较深，平底。外壁饰莲花纹，内外壁均施青釉。口径14.4、底径9.2、高7.6厘米
（图四一，4；图版四一，1）。2001CWTM15∶3，敛口，圆唇，腹部略鼓，平底。内外施青
釉。口径8.8、底径4.6、高4.1厘米（图四一，5；图版四一，2）。2001CWTM15∶7，敛口，
圆唇，腹部略鼓，平底。釉脱落。口径8.5、底径4.5、高4厘米（图四一，6；图版四一，3）。

　　盘　1件。2001CWTM15∶4，敞口，圆唇，浅盘，腹壁斜内收，平底。内底有支钉痕迹。
口径14.8、腹径14.8、底径13.5、高2.4厘米（图四一，7；图版四一，4）。

　　2）陶器　1件。

　　俑　1件。2001CWTM15∶6，泥质红陶。身着交领宽袖长袍，作双手拱立状。高14.8厘米
（图四一，8；图版四一，5）。

4. 2001CWTM16

位于发掘区东南角，墓向204°。

（1）墓葬形制

砖室墓，平面呈"凸"字形，墓葬由墓道、甬道、墓室组成，总长5.64米。墓道长0.46、
宽1.98米。甬道长1.92、宽2.38米。墓室长3.52、宽3.28米。1995年南京大学考古队曾发掘过，
因发掘占地的赔偿问题，当时只清理了墓葬的前半部分，这次发掘将墓葬全部清理了出来。墓

的后半部分保存尚好，墓壁下部用4～7层条砖平砌，上部用券砖竖砌，保存的最高高度为1.2米，最低处只有0.22米。墓室底部大多以整砖铺成，较为整齐，墓室前端及甬道底部则以半砖铺地（图四二；图版三三，4）。

墓内有条砖和券砖两种：条砖长44、宽20、厚12厘米（铺地砖厚7.5厘米）。券砖长约40、宽20、厚12厘米。砖纹有三种：①马拉车纹，见于条砖；②十字纹，见于条砖；③连体菱形纹，见于券砖（图版三四，3）。

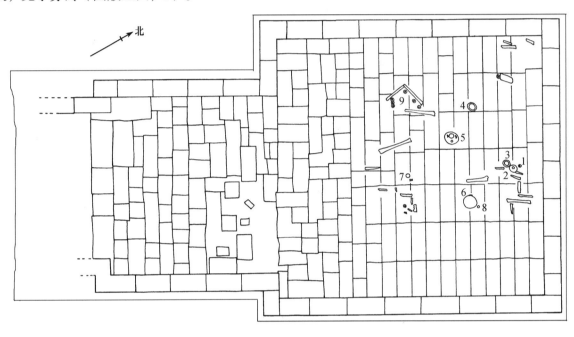

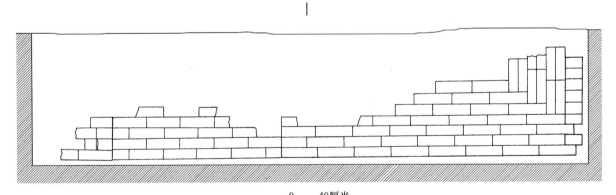

0　　　40厘米

图四二　2001CWTM16平、剖面图

1～4、6. 瓷碗　5. 瓷罐　7. 琉璃耳珰　8. 银指环　9. 铜钱

（2）葬具葬式

墓室内出土零碎的人体肢骨。

（3）出土器物

在墓室的后部出土了8件器物。6件瓷器、1件琉璃耳珰、1件银指环。另外还有6枚“五铢”铜钱。

1）瓷器　6件。

罐　1件。2001CWTM16：5，口残，圆肩，鼓腹，平底。肩饰1对对称的桥形纽。内外施青釉。残口径6.4、腹径13.5、底径9.8、残高8厘米（图四三，1；图版四一，6）。

碗　5件。标本2001CWTM16：1，敞口，圆唇，壁较直，平底。釉脱落。口径15.5、底径9.8、高5.8厘米（图四三，2；图版四二，1）。标本2001CWTM16：6，敛口，圆唇，腹较浅，平底。沿下饰凹弦纹，釉脱落。口径8、底径4.7、高3.1厘米（图四三，3；图版四二，2）。标本2001CWTM16：4，敛口，圆唇，腹较浅，平底。沿下饰凹弦纹，外施半青釉，内施全釉。口径8.2、底径6.3、高3.3厘米（图四三，4；图版四二，3）。标本2001CWTM16：3，敞口，圆唇，腹较浅，平底。沿下饰凹弦纹，釉脱落。口径12、底径7.1、高4.4厘米（图四三，5；图版四二，4）。

2）饰品　2件。

琉璃耳珰　1件。2001CWTM16：7，亚腰形，中间有穿孔。上径0.6、下径0.9、高1.3厘米（图四三，6）。

银指环　1件。2001CWTM16：8，圆形，横断面呈圆形。直径1.8厘米（图四三，7）。

5. 2002CWTM1

位于2002年发掘区南部，墓向72°。

（1）墓葬形制

砖室墓，平面呈长方形。墓葬是先挖成土坑，再依着土坑壁砌砖而成，总长3、宽1.54米。墓葬底部保存尚好，墓壁最高保存有10层砖，现存最高高度为0.7米。墓口处还有一层封门

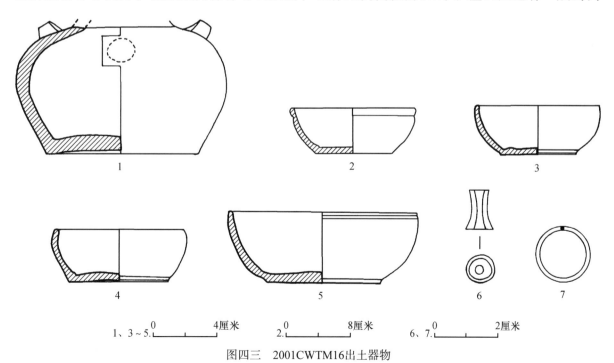

图四三　2001CWTM16出土器物

1. 瓷四系罐（2001CWTM16：5）　2～5. 瓷碗（2001CWTM16：1、2001CWTM16：6、2001CWTM16：4、2001CWTM16：3）
6. 琉璃耳珰（2001CWTM16：7）　7. 银指环（2001CWTM16：8）

砖，残高约0.32米。墓底没有铺地砖，但有用碎砖块加工并夯过的平面，十分平整（图四四；图版四〇，2）。墓内的砖有两种形制：一为长方形条砖，长34、宽17～18、厚6～7厘米；一为楔形券砖，长34、宽17～18、前口厚7、后口厚4～5厘米。砖纹较为杂乱，有五种，以连体菱形纹和车轮纹为主体纹样。

（2）葬具葬式

在墓室的中部发现了一具人骨，有大体的人形轮廓，仰面直肢，头向与墓向相反。

（3）出土器物

墓内器物几乎未经扰动，共有22件。其中瓷器16件，有罐、盘口壶、碗等；陶罐1件；铁镜1件；银饰品3套，即指环、蝶形饰等；石串饰1套22枚。另有锈蚀的五铢铜钱。

1）瓷器　16件。

壶　1件。2002CWTM1：1，口残，颈部较短，圆肩，鼓腹，平底。肩饰4对称的横桥形纽。外施青釉，多已脱落。腹径25.6、底径16、残高22.4厘米（图四五，1；图版四二，5）。

罐　4件。2002CWTM1：2，敛口，圆唇，溜肩，鼓腹，平底。肩饰4对称的横桥形纽。外施青釉至中腹部。口径11.2、腹径20、底径12、高17厘米。2002CWTM1：3，敛口，圆唇，溜肩，鼓腹，平底。肩饰4对称的横桥形纽。外施青釉至中腹部，已脱落。口径11、腹径14.6、

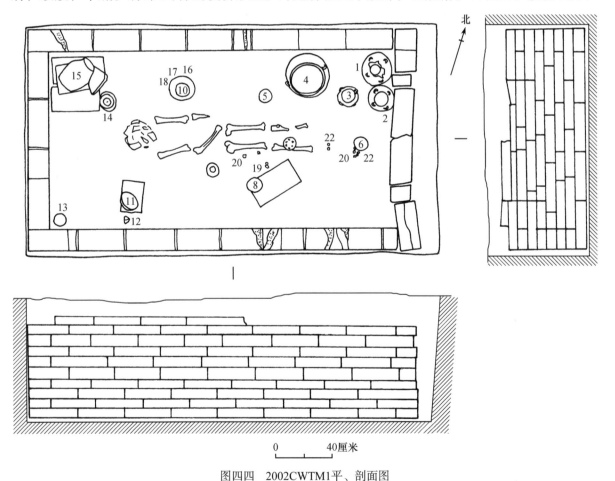

图四四　2002CWTM1平、剖面图

1. 瓷壶　2、3、15. 瓷罐　4. 陶罐　5、7～13、16～18. 瓷碗　6. 铁镜　14. 瓷盖罐　19. 蝶形银饰　20. 银指环
21. 银泡　22. 石串饰（图中叠压器物未标注序号）

底径9.5、高16.9厘米（图四五，2；图版四二，6）。2002CWTM1：14，青瓷盖罐，敞口，圆唇，鼓肩，下腹斜收，平底。肩饰4对称的横桥形纽。覆碟形盖，上有桥形纽。外施青釉不及底。口径8.8、腹径12.2、底径7、盖径9.2、通高9.7厘米（图四五，3；图版四三，1）。2002CWTM1：15，敛口，圆唇，溜肩，鼓腹，平底。肩饰4对称的横桥形纽。外施青釉至中腹部，已脱落。口径12.8、腹径18、底径14.2、高19.3厘米。

碗 11件。 2002CWTM1：5，敛口，圆唇，上腹壁较直，平底。口沿处饰一道凹弦纹。内外施青釉。口径8.8、底径4.6、高3.3厘米。2002CWTM1：7，敛口，圆唇，弧腹，平底。口沿处饰一道凹弦纹。内外施青釉，釉已脱落。口径8.8、底径5.6、高3.3厘米（图四五，4；图版四三，2）。2002CWTM1：8，敛口，圆唇，弧腹，平底。口沿处饰一道凹弦纹，内底有支钉。内外施青釉，釉多已脱落。口径8.8、底径4.7、高3.2厘米。2002CWTM1：9，

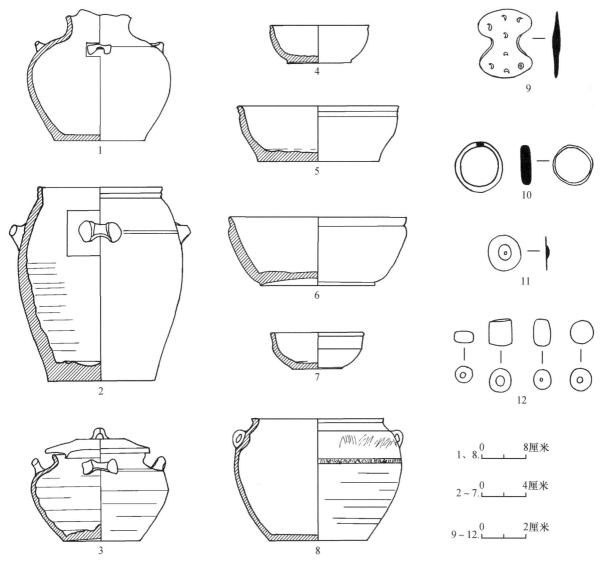

图四五 2002CWTM1出土器物

1.瓷壶（2002CWTM1：1） 2、3.瓷罐（2002CWTM1：3、2002CWTM1：14） 4～7.瓷碗（2002CWTM1：7、2002CWTM1：10、2002CWTM1：11、2002CWTM1：17） 8.陶罐（2002CWTM1：4） 9.蝶形银饰（2002CWTM1：19） 10.银指环（左2002CWTM1：20-1、右2002CWTM1：20-2） 11.银泡（2002CWTM1：21） 12.石串饰（2002CWTM1：22）

敛口，圆唇，弧腹，平底。口沿处饰一道凹弦纹。内外施青釉，釉多已脱落。口径9.4、底径5、高3.3厘米。2002CWTM1∶10，敞口，圆唇，弧腹，平底。口沿处饰一道凹弦纹。内外施青釉，外釉已脱落。口径14、底径10.8、高4.9厘米（图四五，5；图版四三，3）。2002CWTM1∶11，敞口，尖唇，弧腹，平底。口沿下饰一周凹弦纹。内外施青釉，釉已脱落。口径15.7、底径10.2、高6厘米（图四五，6；图版四三，4）。2002CWTM1∶12，敞口，尖唇，弧腹，平底。口沿下饰一周凹弦纹。内外施青釉，釉已脱落。口径8.4、底径5.6、高4.8厘米。2002CWTM1∶13，敞口，尖唇，弧腹，平底。口沿下饰一周凹弦纹。内外施青釉，釉已脱落。口径8.4、底径4.6、高3.2厘米。2002CWTM1∶16，口沿稍内敛，尖唇，弧腹，下腹斜收，平底。口沿下饰一道凹弦纹。内外施青釉，釉已脱落。口9.6、底径6、高3.4厘米。2002CWTM1∶17，直口，圆唇，弧腹，小平底。内外施青釉，釉已脱落。口8.4、底径4.6、高3.1厘米（图四五，7；图版四三，5）。2002CWTM1∶18，敞口，尖唇，弧腹，平底。口沿下饰一周凹弦纹。内外施青釉，釉已脱落。口8.8、底径5、高3.4厘米。

2）陶器　1件。

罐　1件。2002CWTM1∶4，泥质灰陶。敞口，圆唇，卷沿，溜肩，鼓腹，下腹收至底，平底。肩饰2对称的竖桥形纽，腹部饰一周刻划纹。口径23.5、腹径30、底径18、高21.4厘米（图四五，8；图版四三，6）。

3）铁器　1件。

铁镜　1件。2002CWTM1∶6，圆形，锈蚀严重。直径13.5厘米。

4）装饰品　6件。

银饰　3件。标本2002CWTM1∶19，蝶形银饰，两面均有月牙形印记。长3、宽1～2.4厘米（图四五，9；图版四四，1）。标本2002CWTM1∶20，指环，两枚，圆形，一枚断面作圆形，一枚扁平。短径1.8、长径2.1厘米（图四五，10；图版四四，2）。

银泡　2件。标本2002CWTM1∶21，圆形，中间稍凸起，且有小穿孔，疑为纽扣之类的饰品。直径1.5厘米（图四五，11；图版四四，3）。

石饰品　1套。2002CWTM1∶22，串饰，红玛瑙2枚，绿珠9枚，灰珠10枚，蓝珠1枚。直径0.3～0.7、孔径0.1～0.4厘米（图四五，12；图版四四，4）。

6. 2002CWTM2

位于发掘区东北侧，墓向69°。

（1）墓葬形制

墓葬是先挖成土坑，再依着土坑壁砌砖而成，总长3.9、宽0.98米。墓葬保存不好，墓口处破坏至墓底。墓壁最高保存有4层砖，现存最高高度为0.32米（图四六；图版四〇，3）。墓底有铺地砖。墓砖形制只有长方形条砖一种，长37、宽17、厚8厘米。砖纹两种：一为五连体菱形纹，一为车轮形纹（图版三四，4）。

（2）葬具葬式

在墓室的中部发现了少量人体肢骨，应为一个个体。

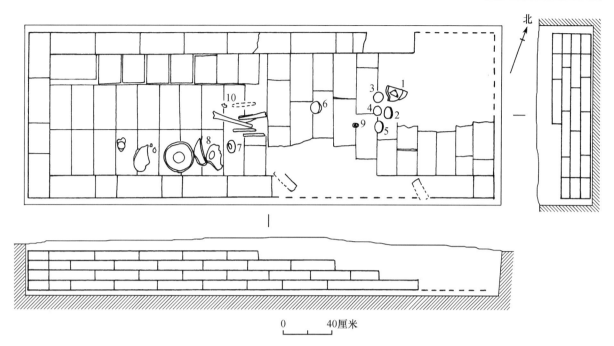

图四六　2002CWTM2平、剖面图

1~8.瓷碗　9.铜钱　10.石兽形饰

（3）出土器物

墓内还残存9件器物，其中瓷器8件，有盘口壶、碗等；石兽形辟邪1件。另有五铢钱，腐朽严重，无法起取。

瓷器　8件。

鸡首壶　1件。2002CWTM2：8，口残，鸡首残，束颈，圆肩，鼓腹，下腹斜收，平底。肩饰2对称的横桥形纽。内外施青釉，釉已脱落。腹径25.2、底径14.6、残高24厘米（图四七，1；图版四四，5）。

碗　7件。标本2002CWTM2：1，敞口，尖唇，弧腹，平底。口沿处饰一道凹弦纹。内外施青釉，釉已脱落。口径16.5、底径9、高6.5厘米（图四七，2；图版四四，6）。标本2002CWTM2：3，直口，圆唇，深腹，饼形底。口沿处饰一道凹弦纹。内外施青釉，釉色青白。口径8.4、底径4.4、高4.4厘米（图四七，3）。

7. 2002CWTM3

位于发掘区中部，墓向83°。

（1）墓葬形制

砖室墓，平面呈长方形。墓葬是先挖成土坑，再依着土坑壁砌砖而成，总长2.84、宽1.06~1米。墓葬底部保存不好，上部完全破坏，墓壁最高保存有2层砖，墓口处破坏至墓底，墓底没有铺地砖（图四八）。墓砖只有长方形条砖一种，长42~40、宽20、厚10厘米。砖纹两种：一为三个车轮组合纹、另一为车轮组合纹。

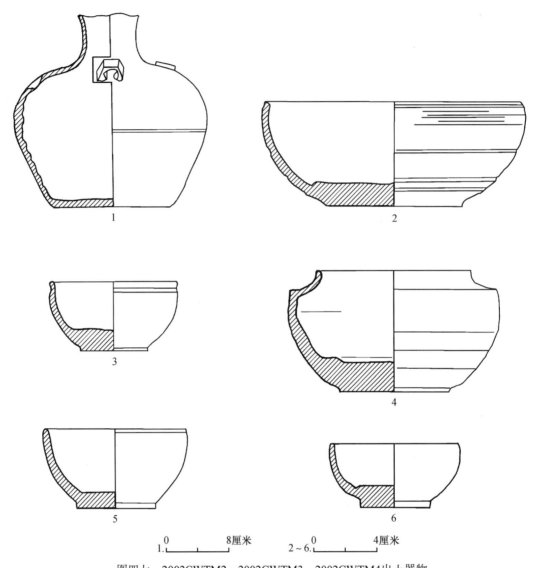

图四七　2002CWTM2、2002CWTM3、2002CWTM4出土器物
1. 瓷鸡首壶（2002CWTM2∶8）　2、3. 瓷碗（2002CWTM2∶1、2002CWTM2∶3）　4. 陶罐（2002CWTM3∶1）
5、6. 瓷碗（2002CWTM4∶1、2002CWTM4∶3）

（2）出土器物

墓内不见人骨痕迹。墓内仅存2件陶罐，一件完整，一件残损；另外还出土了五铢铜钱，除8枚完好外，其他均已锈蚀。

1）陶器

罐　1件。2002CWTM3∶1，敞口，尖唇，折肩，弧腹，平底。腹部饰多道刻划弦纹。口径10、腹径13.8、底径7、高7.5厘米（图四七，4）。

2）钱币

五铢钱　8枚。方孔圆钱，正面有轮无郭，背面轮郭俱全。"五"字中间两笔交叉弯曲；"铢"字的"金"字头呈镞形、与"朱"等齐，"朱"字上部圆折、下部方折。直径2.5、穿径0.95、厚0.13厘米。

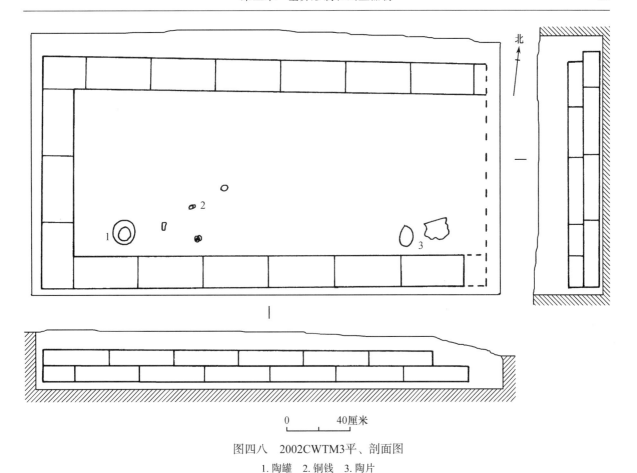

图四八 2002CWTM3平、剖面图
1. 陶罐 2. 铜钱 3. 陶片

8. 2002CWTM4

位于发掘区中部，墓向77°。

（1）墓葬形制

墓葬由甬道、墓室组成，总长5.04米。甬道长0.92、宽1.1米；墓室长4.12、宽1.9米（图四九；图版四〇，4）。墓葬几乎被完全破坏，只残存墓壁最底层砖和铺地砖。墓砖只有长方形条砖一种，长34～36、宽18、厚8厘米。砖纹共两种，为连续菱形纹和车轮纹。

（2）葬具葬式

墓内不见人骨痕迹。

（3）出土器物

墓室内残存5件瓷碗。

瓷器

碗 5件。标本2002CWTM4：1，敞口，深弧腹，饼形底。口沿处饰一道凹弦纹。内外施青釉，釉已脱落。口径9.5、底径5.3、高5厘米（图四七，5；图版四五，1）。标本2002CWTM4：3，敛口，圆唇，弧腹，饼形底。口径8.3、底径4.5、高4厘米（图四七，6；图版四五，2）。

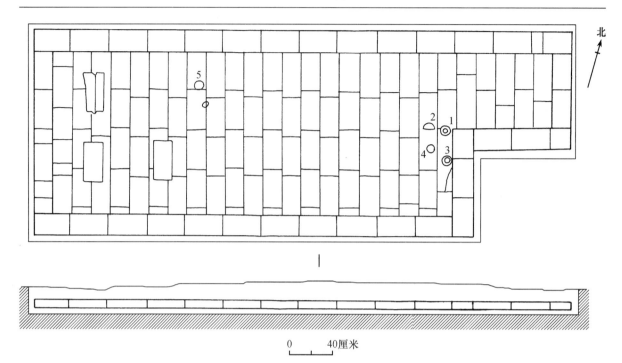

图四九　2002CWTM4平、剖面图
1~5.瓷碗

9. 2002CWTM5

位于发掘区中部，墓向70°。

（1）墓葬形制

砖室墓，平面呈刀形，墓葬由墓道、封门砖、甬道、墓室组成，总长5.02米。墓道在墓口处，呈弧形坡状，较浅。封门砖挡在甬道口处，长1.42、宽0.18~0.4、高0.92米，保留有7层砖，上三层为子母口券砖垒砌而成。甬道长1.82、宽1.8、高0.84米，券顶破坏，最高保存7层砖。墓室长3.2、宽3米。墓室下部保存尚好，有7层条砖，其两端尚残存1层券顶砖，墓壁保存的最高高度为1米。墓底有铺地砖（图五〇；图版四六，1）。

墓内有长方形条砖和子母口券砖两种：条砖长42、宽20、厚12厘米。券砖尺寸两种：一种长约30、宽15、厚10厘米；另一种长38、宽20、厚10.5厘米。砖纹有5种，墓室砖纹有连体菱形纹和车轮纹两种，其他"富贵"纹等均在封门砖上发现（图版三四，5）。

（2）葬具葬式

墓内人骨腐朽较甚。

（3）出土器物

墓内器物保存较好，共有35件。其中瓷器27件，有壶、罐、盘口壶、鸡首壶、碗等；陶器7件，有盆、罐等；石黛板1件。

1）瓷器　27件。

鸡首壶　1件。2002CWTM5：4，盘口，束颈，圆柄，鸡首流，宽肩，鼓腹，下腹斜收，平底。肩饰2对称横桥形纽。内外施青釉，釉多已脱落。口径8.5、腹径18.8、底径12.5、通高

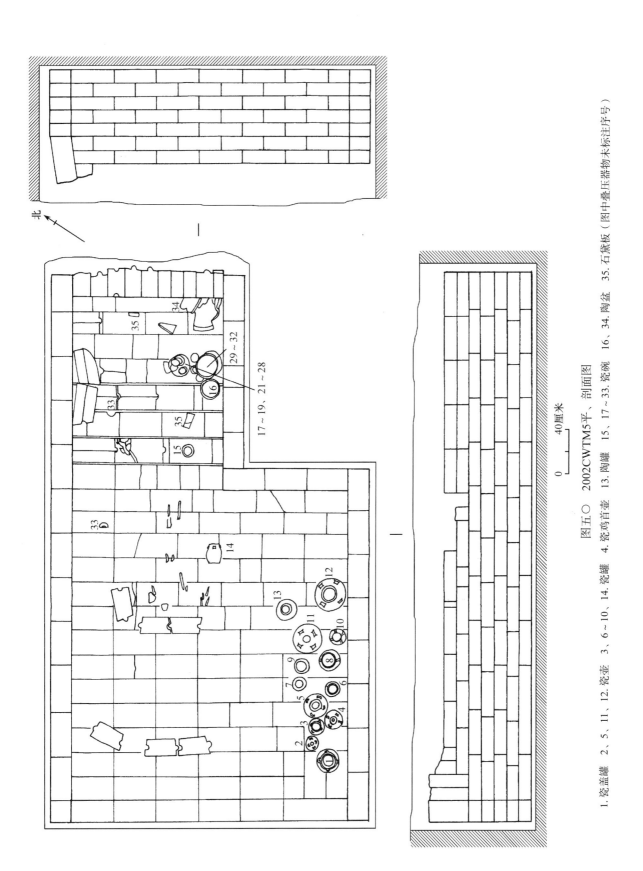

图五○ 2002CWTM5平、剖面图

1. 瓷盖罐 2、5、11、12. 瓷壶 3、6~10、14. 瓷罐 13. 陶罐 15、17~33. 瓷碗 16、34. 陶盆 35. 石黛板（图中叠压器物未标注序号） 4. 瓷鸡首壶

20.9厘米（图五一，1；图版四五，3、4）。

盘口壶　1件。2002CWTM5：12，浅盘，短颈，溜肩，大圆腹，平底略内凹。肩饰4对称横桥形纽。外施青釉至下腹。口径14.2、腹径27.5、底径16.8、高28厘米（图五一，3；图版四五，5）。

壶　3件。2002CWTM5：2，口残，束颈，溜肩，鼓腹，下腹斜收，平底。上腹饰4对称横桥形纽。外施青釉至下腹。腹径11.6、底径7.6、残高9.8厘米（图五一，2；图版四五，6）。2002CWTM5：11，口残，束颈，溜肩，鼓腹，下腹斜收，平底。肩饰4对称横桥形纽。外施青釉至下腹。腹径25、底径14、残高28.5厘米（图五一，4；图版四七，1）。2002CWTM5：5，口残，短颈，溜肩，圆腹，大平底。肩饰4对称横桥形纽。外施青釉至下腹。口径9.6、腹径22.2、残高23.8厘米（图五二，1；图版四七，2）。

罐　4件。2002CWTM5：1，敛口，双圆唇，圆唇间形成凹槽，可以加盖，上覆有覆碗形盖，弧肩，鼓腹，下腹弧收，平底略内凹。肩饰4对称横桥形纽。釉色青绿，腹下部无釉。口径11.8、腹径23.5、底径16.6、盖径14、通高26.5厘米（图五一，5；图版四七，3、4）。2002CWTM5：3，直口，圆唇，短颈，溜肩，深腹，腹稍鼓，平底。肩饰4对称横桥形纽，腹部饰多道凹弦纹。外施青釉至腹中，釉多脱落。口径10.2、腹径15.4、底径10.4、高15.6厘米（图五一，6；图版四七，5）。2002CWTM5：10，直口，卷沿，溜肩，深腹，腹稍鼓，大平底。肩饰4对称横桥形纽。外施青釉至腹中。口径9.4、腹径14、底径10、高18厘米（图五一，7；图版四七，6）。2002CWTM5：14，敛口，圆唇，平沿，腹微鼓，平底。口沿下饰两周凹弦纹，肩饰4对称横桥形纽。外施青釉至腹中，釉已脱落。口径11.2、腹径16、底径10.6、高16.4厘米。

碗　18件。标本2002CWTM5：15，敛口，圆唇，浅腹，下腹弧收，平底。内外施青釉。口径7.2、底径4.5、高2.4厘米（图五一，8；图版四八，1）。标本2002CWTM5：17，敞口微敛，尖唇，弧腹下收，平底。口沿下饰一周凹弦纹。口径18.8、底径11.2、高6.4厘米（图五一，9；图版四八，2）。标本2002CWTM5：18，敞口微敛，尖唇，弧腹下收，平底，浅饼形足。口沿下饰一周凹弦纹。内外施青釉。口径18、底径10.2、高5.8厘米。标本2002CWTM5：19，敞口微敛，尖唇，弧腹下收，平底，浅饼形足。外口沿下有两周凹弦纹。内外施青釉，釉已脱落。口径10.2、底径5.6、高4.5厘米（图五一，10；图版四八，3）。标本2002CWTM5：20，敞口微敛，尖圆唇，弧腹下收，平底。口沿下饰一周凹弦纹，内外施青釉，外施半釉。口径17.8、底径11、高5.8厘米。

2）陶器　7件。

盆　2件。均为泥质灰陶。2002CWTM5：34，大敞口，尖唇，卷沿，斜壁，平底。口径33.2、腹径29、底径20.3、高10.6厘米（图五二，2；图版四八，4）。2002CWTM5：16，大敞口，圆唇，平沿，斜壁，深腹，平底。口径15.2、腹径13.6、底径8.2、高10.2厘米（图五二，3；图版四八，5）。

罐　5件。均为泥质灰陶。2002CWTM5：6，小直口，圆唇，短颈，溜肩圆腹，大平底。口径10.6、腹径15.6、高12.4厘米（图五二，4；图版四八，6）。2002CWTM5：7，小直口，

图五一　2002CWTM5出土瓷器

1. 鸡首壶（2002CWTM5：4）　　2、4. 壶（2002CWTM5：2、2002CWTM5：11）　　3. 盘口壶（2002CWTM5：12）

5～7. 罐（2002CWTM5：1、2002CWTM5：3、2002CWTM5：10）　　8～10. 碗（2002CWTM5：15、2002CWTM5：17、

2002CWTM5：19）

短颈，有领，圆腹，平底，腹壁饰凹弦纹。口径8、底径8.2、高9.5厘米。2002CWTM5：8，侈口，圆唇，卷沿，微束颈，溜肩，上腹外鼓，平底。肩饰2对称竖桥形纽。口径14.1、腹径19.4、底径11.4、高14.9厘米（图五二，5；图版四九，1）。2002CWTM5：9，直口微敛，圆唇，斜平沿，短颈，鼓腹，平底略内凹。上腹饰凹弦纹。口径9、腹径14.2、底径9.2、高10厘米（图五二，6；图版四九，2）。2002CWTM5：13，小直口，圆唇，溜肩，鼓腹，下腹斜收，平底。口径10.8、腹径15.8、高12厘米。

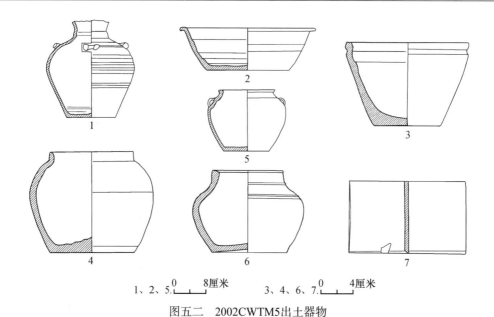

1、2、5. ⊢—⊣ 8厘米　　　3、4、6、7. ⊢—⊣ 4厘米

图五二　2002CWTM5出土器物

1. 瓷壶（2002CWTM5∶5）　 2、3. 陶盆（2002CWTM5∶34、2002CWTM5∶16）　 4～6. 陶罐（2002CWTM5∶6、
2002CWTM5∶8、2002CWTM5∶9）　7. 石黛板（2002CWTM5∶35）

3）梳妆用具

石黛板　1件。2002CWTM5∶35，长方形，扁平，出土时断为两截。长14.7、宽8.8、厚4
厘米（图五二，7）。

10. 2002CWTM6

位于发掘区北部，墓向60°。

（1）墓葬形制

砖室墓，平面呈"凸"字形，墓葬保存较好，由墓道、封门砖、甬道、墓室组成，总长6.3
米。墓道在墓口处，为弧形斜坡状，半径长0.38、墓口处深约0.2米。有两层封门的砖：一层在
甬道的出口处，其底部铺两层砖，中部筑土，上部以两块大的石片及一些小的石片竖砌，保存
的高度达1.7米；另一层横在甬道的中间，将甬道分成两部分，高0.5米，仅有4层砖，以子母
口券砖垒砌而成。甬道长2.32、宽2米，券顶破坏，仅余一层券砖，以子母口券砖竖券而成，
下部以十层条砖垒砌而成。墓室长3.6、宽3.32米，保存较好，券顶部分尚存一层券砖，底部
保存完好，由九层条砖垒砌而成。墓壁保存的最高高度为1.36米。墓底有铺地砖（图五三；
图版四六，2）。墓内有长方形条砖和子母口券砖两种：条砖长42、宽20、厚10厘米；券砖长
34～36、宽20～21、厚11厘米。砖纹有六种，墓室和甬道内以车轮纹、连体菱形纹（券砖）和
备马图画像纹（条砖）为主，其他如"富贵"纹等在封门砖才有所见。

（2）葬具葬式

在墓室的后部发现了一具人体肢骨，不见头骨。墓内还发现了漆皮和铁钉等物，疑有漆木
葬具。

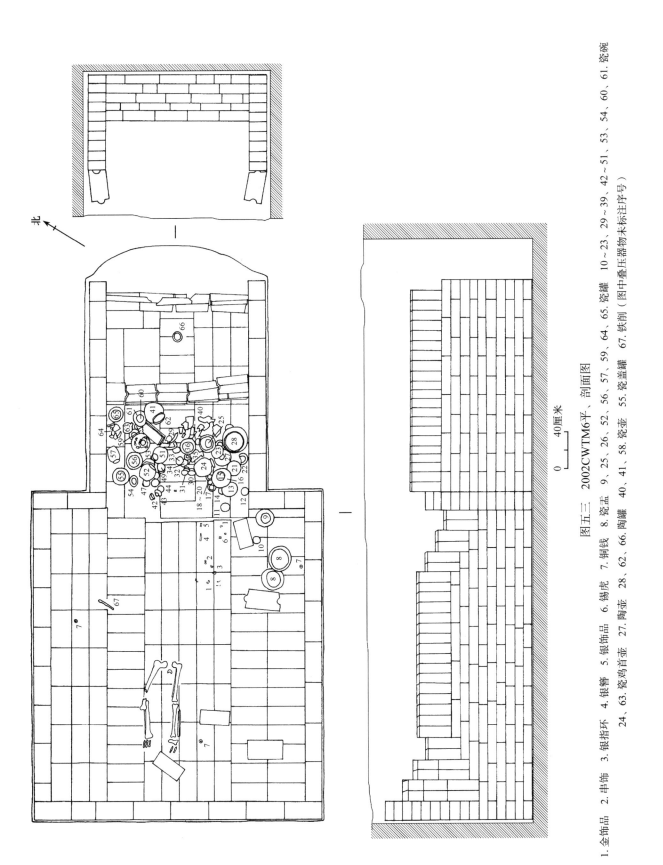

图五三　2002CWTM6平、剖面图

1. 金饰品　2. 串饰　3. 银指环　4. 银簪　5. 银饰品　6. 锡虎　7. 铜钱　8. 瓷盂　9、25、26、52、56、57、59、64、65. 瓷罐　10～23、29～39、42～51、53、54、60、61. 瓷碗　24、63. 瓷鸡首壶　27. 陶壶　28、62、66. 陶罐　40、41、58. 瓷壶　55. 瓷盖罐　67. 铁削（图中叠压器物未标注序号）

（3）出土器物

共出土器物66件。瓷器55件，有罐、壶、碗、钵；陶器4件，有罐、壶等；铁器1件；此外金饰品1套6件；银饰品3套6件，有簪、指环等；石串饰1套15件；锡器1件。另有五铢铜钱。

1）瓷器　55件。

鸡首壶　2件。2002CWTM6：24，小盘口，细颈，宽肩，圆腹，平底。流为鸡首形，把手残缺，肩饰2对称竖桥形纽。内外施青釉不及底。口径10.4、腹径20.2、底径11.3、残高25.7厘米（图五四，1；图版四九，3）。2002CWTM6：63，盘口，细颈，宽肩，鼓腹，平底。有鸡首流，柄残，肩饰2对称横桥形纽。内外施青釉不及底。口径9、腹径15.6、底径8.7、高17.2厘米（图五四，2；图版四九，4）。

罐　10件。2002CWTM6：25，敛口，圆唇，鼓腹，最大径在腹的中部，平底。肩饰4对称横桥形纽。外施青釉至腹部，釉已脱落。口径9.6、腹径15.2、底径9.6、高16.4、厘米（图五四，3；图版四九，5）。2002CWTM6：55，直口微敞，圆唇，斜肩，鼓腹，平底。覆碟形盖，平顶，上有环纽，上有褐色斑点为支钉烧痕迹。肩饰4对称竖桥形纽。肩部刻划两周弦纹。釉色青绿，釉未施及底。口径12、腹径19.3、底径11.5、盖径13、通高15.6厘米（图五四，4；图版四九，6；图版五〇，1）。2002CWTM6：56，敛口，圆唇，溜肩，鼓腹，平底。肩饰4对称横桥形纽。外施褐釉至下腹部。口径13、腹径20.5、底径14.4、高19.3厘米（图五四，5；图版五〇，2）。2002CWTM6：57，小直口，圆唇，溜肩，鼓腹，下腹斜收，平底。肩饰4对称的横桥形纽。外施酱黑釉至下腹部。口径10、腹径14、底径9.1、高13.8厘米（图五四，6；图版五〇，3）。2002CWTM6：59，小直口，圆唇，有领，鼓肩，弧腹，平底。肩饰4对称横桥形纽。肩饰两周凹弦纹。外施青釉至下腹，釉多剥落。口径8.8、腹径13.4、底径7.6、高9.5厘米（图五四，7；图版五〇，4）。2002CWTM6：64，敛口，圆唇，矮领，溜肩，鼓腹，平底。肩饰4对称横桥形纽。外施青釉至下腹，釉已脱落。口径12.2、腹径21.8、底径14、高21厘米（图五四，8；图版五〇，5）。2002CWTM6：65，敛口，尖唇，溜肩，鼓腹，平底。肩饰4对称横桥形纽。外施青釉至下腹，釉已脱落。口径12.3、腹径17.6、底径12、高17.3厘米（图五四，9；图版五〇，6）。2002CWTM6：9，敛口，圆唇，溜肩，鼓腹，平底。肩饰4对称横桥形纽。外施褐釉至腹中。口径11.2、腹径16.8、底径12.5、高19.5厘米。2002CWTM6：26，直口，圆唇，有领，溜肩，鼓腹，下腹斜收，平底。肩饰2对称竖桥形纽。外施青釉至腹中。口径18.5、腹径22、底径13、高16.8厘米（图五四，10）。2002CWTM6：52，直口，方唇，有领，溜肩，鼓腹，平底。肩饰4对称横桥形纽。外施褐釉至腹中，釉已脱落。口径12、腹径19.3、底径14、高18.1厘米。

带盖钵　1件。2002CWTM6：8，敛口，圆唇，圆腹，下腹渐收，大平底。平顶盖，子母口，上置有纽，盖面上有支钉烧痕迹。通体釉色青绿，上腹部饰多周浅弦纹。口径21.5、腹径23.5、底径15、盖径21.6、高17厘米（图五四，11；图版五一，1、2）。

盘口壶　3件。2002CWTM6：40，盘口，短颈，溜肩，鼓腹，下腹斜收，平底。肩饰4对称横桥形纽，腹部饰多周凹弦纹。外施青釉，釉已脱落。口径12.7、腹径24.8、底径14、

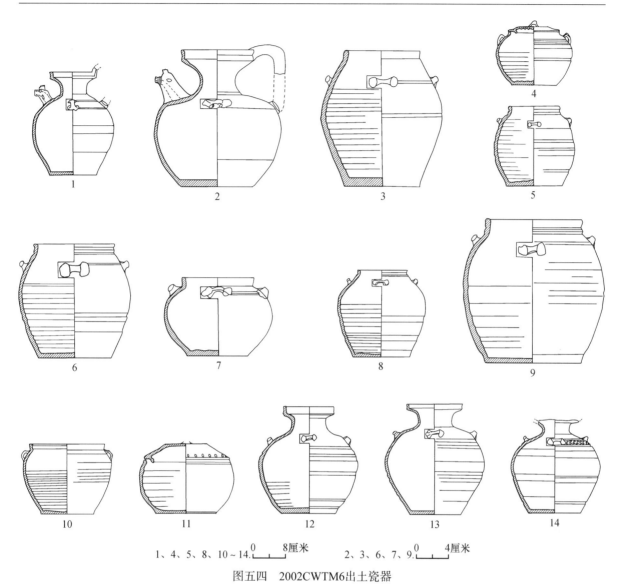

1、4、5、8、10 ～ 14. ⌞0___8厘米⌟   2、3、6、7、9. ⌞0___4厘米⌟

图五四 2002CWTM6出土瓷器

1、2. 鸡首壶（2002CWTM6：24、2002CWTM6：63） 3 ～ 10. 罐（2002CWTM6：25、2002CWTM6：55、2002CWTM6：56、
2002CWTM6：57、2002CWTM6：59、2002CWTM6：64、2002CWTM6：65、2002CWTM6：26） 11. 带盖瓷钵
（2002CWTM6：8） 12 ～ 14. 盘口壶（2002CWTM6：40、2002CWTM6：41、2002CWTM6：58）

高25.8厘米（图五四，12；图版五一，3）。2002CWTM6：41，盘口，束颈，鼓肩，圆腹，下腹斜收，平底。肩饰4对称横桥形纽。腹部饰多周凹弦纹。外施青釉至下腹，釉已脱落。口径14.4、腹径25、底径13.2、高27厘米（图五四，13；图版五一，4）。2002CWTM6：58，口残，短颈，溜肩，鼓腹，下腹斜收，平底。肩饰4对称横桥形纽。肩上饰一周三角纹，腹部饰三周凹槽。外施青釉至下腹，釉已脱落。腹径22.5、底径13、残高22.3厘米（图五四，14；图版五一，5）。

碗 39件。标本2002CWTM6：10，直口，折腹，上腹较直，下腹斜收，小平底。内底不见支钉痕。内外施青釉，釉多脱落。口径8.2、底径4、高3.2厘米（图五五，1）。标本2002CWTM6：11，直口，圆唇，折腹，小平底。内外施青釉，外施半釉，已脱落。口径8.8、底径4、高3厘米。标本2002CWTM6：12，敛口，圆唇，折腹，下腹斜收，小平底。内外施青釉，外施半釉，已脱落。口径9.2、底径3.8、高2.6厘米（图五五，2；图版五一，6）。标本2002CWTM6：13，敞口，圆唇，弧腹斜收，平底。外口沿下饰一周凹弦纹。内外施青釉不及底。口径15.4、底径9.8、高5.5厘米（图五五，3；图版五二，1）。标本2002CWTM6：14，直口，尖圆唇，折腹，小平底。内外施青釉，外施釉及底。口径7.4、底径4.2、高2.8厘米（图五五，4；图版五二，2）。标本2002CWTM6：16，敞口，尖唇，上腹微鼓，下腹斜收，平底。口沿下饰一周凹弦纹，沿上有褐色斑点。内外施青釉。口径19.2、底径11.5、高6.2厘米（图五五，5；图版五二，3）。标本2002CWTM6：29，直口，尖唇，深腹，上腹壁较直，下腹斜收，平底。口沿下饰一周凹弦纹，内外施青釉，外施釉至腹中。口径11.4、底径7、高4.5厘米（图五五，6；图版五二，4）。

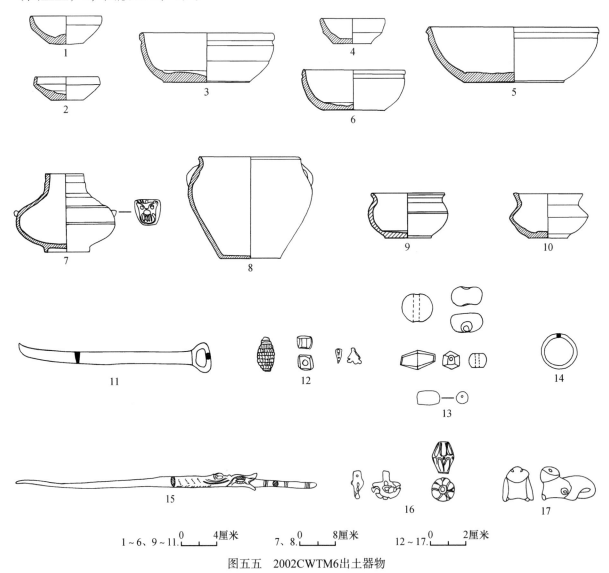

图五五　2002CWTM6出土器物

1~6. 瓷碗（2002CWTM6：10、2002CWTM6：12、2002CWTM6：13、2002CWTM6：14、2002CWTM6：16、2002CWTM6：29）
7. 陶壶（2002CWTM6：27）　8~10. 陶罐（2002CWTM6：28、2002CWTM6：62、2002CWTM6：66）　11. 铁削
（2002CWTM6：67）　12. 金饰品（2002CWTM6：1）　13. 石饰品（2002CWTM6：2）　14. 银指环（2002CWTM6：3）
15. 银簪（2002CWTM6：4）　16. 银饰品（2002CWTM6：5）　17. 锡兽（2002CWTM6：6）

2）陶器　4件。

壶　1件。2002CWTM6：27，泥质红陶。直口，方唇，平沿，长颈，斜肩，扁鼓腹，圈足。腹部置1对对称兽形系，颈、肩、腹饰多周凹弦纹。通体饰红褐釉。口径8.7、腹径22.6、底径10.5、高17.5厘米（图五五，7；图版五二，5）。

罐　3件。2002CWTM6：28，泥质灰陶。敞口，尖唇，卷沿，溜肩，鼓腹，下腹壁斜收，小平底。肩上饰1对对称竖桥形纽。口径22.6、腹径28.3、底径13.9、高22.6厘米（图五五，8；图版五二，6）。2002CWTM6：62，泥质红陶。敞口，圆唇，卷沿，溜肩，鼓腹，平底。外施红褐釉，釉多已脱落。口径8.4、腹径9、底径5.2厘米（图五五，9；图版五三，1）。2002CWTM6：66，泥质红陶。敞口，尖圆唇，平折沿，短颈，溜肩，折腹，平底。口径7.8、腹径8.8、底径4.3、高5厘米（图五五，10；图版五三，2）。

3）铁器

铁削　1件。2002CWTM6：67，环首，刀尖稍上翘。长22、宽1.4厘米（图五五，11；图版五三，3）。

4）饰品

金饰品　1套6件。标本2002CWTM6：1，螺旋形4枚，方形1枚，花形1枚，均有穿孔。其中一件螺旋形饰品高1.9、最大径1、孔径0.15厘米（图五五，12；图版五三，4）。

石饰品　15件。标本2002CWTM6：2，串饰，红色玛瑙4枚，绿色料珠5枚，蓝色1枚，白色1枚，黑色3枚，锡制品1枚。其中一枚高1.9、直径1、孔径0.15厘米（图五五，13；图版五三，5、6）。

银指环　3件。标本2002CWTM6：3，圆形，横断面呈圆形。直径2厘米（图五五，14；图版五四，1）。

银簪　1件。2002CWTM6：4，中段扁平，其上雕刻枝叶花纹。长17.3厘米（图五五，15；图版五四，2、3）。

银饰品　2件。标本2002CWTM6：5，均镂空，一为花形，一为鼓形。高1.7、径1.3厘米（图五五，16；图版五四，4、5）。

锡兽　1件。2002CWTM6：6，圆首，长尾，腹部有穿孔，可佩带。高1.9、长3厘米（图五五，17；图版五四，6；图版五五，1）。

5）铜钱

2002CWTM6：7，有五铢钱、直百五铢、大泉五十共三种，直径分别为2.5、2.7、2.7厘米。

11. 2002CWTM7

位于发掘区东北部，墓向73°。

（1）墓葬形制

墓葬是先挖成土坑，再依着土坑壁砌砖而成，总长4.9、宽1.75米。墓葬上层破坏，底部保存尚好，墓壁最高保存有10层砖，现存高度为0.4～0.8米。墓底有铺地砖（图五六；图版

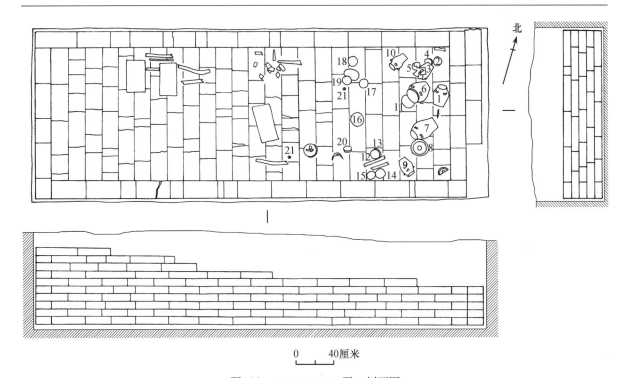

图五六　2002CWTM7平、剖面图

1、3.瓷罐　2、4、5、11～20.瓷碗　6、9、10.瓷罐　7.瓷盖罐　8.瓷壶　21.铜钱

四六，3）。墓砖只有长方形条砖一种，长35、宽17～18、厚8厘米。砖纹两种：一种是连续菱形纹，另一种是车轮纹。

（2）葬具葬式

在墓室内发现了两具人骨，分布在墓室的两侧，头向与墓向一致。墓室南侧的人骨保留了部分头骨和下颌骨，肢骨较少；北侧的人骨仅残留肢骨。墓室内还出土了数枚锈蚀的铁钉，但未见棺木的痕迹。

（3）出土器物

器物保存较好，共有21件，均为瓷器，有罐、壶、碗等。另有铜钱出土，锈蚀未能提取。

瓷器　21件。

壶　1件。2002CWTM7：8，直口，圆唇，束颈，鼓腹，平底。肩上饰4对称横桥形纽，外施青釉及下腹，器表釉脱落。口径13.8、腹径17.6、底径10.4、高26、厘米（图五七，1；图版五五，2）。

罐　6件。2002CWTM7：1，敛口，圆唇，溜肩，鼓腹，平底。肩上饰4对称横桥形纽，外施青釉至下腹。口径10.6、腹径15.6、底径10.6、高19.4厘米。2002CWTM7：3，直口，方唇，鼓肩，下腹内收，平底。内外施青釉色。口径11、腹径15.4、底径10.6、高17.9厘米。2002CWTM7：6，侈口，尖唇，小折沿，圆肩，鼓腹，下腹内收，平底。肩饰4对称横桥形纽，内外壁施青釉。口径16.8、腹径22、底径12、高17.4厘米（图五七，2；图版五五，3）。2002CWTM7：7，小口，溜肩，鼓腹，下腹内收，平底。肩上饰4对称横桥形纽，下腹饰一周凹弦纹。覆碟式盖，上有一环形纽，纽残。内外施青釉。口径10.4、腹径22.6、底径14、残高

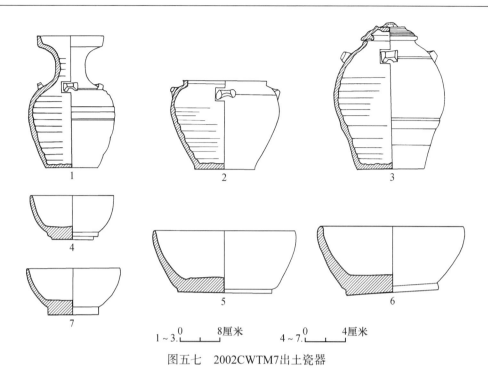

图五七 2002CWTM7出土瓷器

1. 壶（2002CWTM7：8） 2、3. 罐（2002CWTM7：6、2002CWTM7：7） 4～7. 碗（2002CWTM7：2、2002CWTM7：11、2002CWTM7：16、2002CWTM7：18）

28.4厘米（图五七，3；图版五五，4）。2002CWTM7：9，侈口，圆唇，溜肩，腹微鼓，深腹，平底。颈、肩之间饰4对称横桥形纽，外施青釉至腹。口径10、腹径13.8、底径1.2、高18厘米。2002CWTM7：10，直口，圆唇，溜肩，鼓腹，平底。肩上饰4对称横桥形纽和一周凹弦纹，外施青釉至腹。口径11.2、腹径17.4、底径12、高18.4厘米。

碗 14件。标本2002CWTM7：2，敛口，圆唇，弧腹，饼形小底。内外壁皆施青釉，外壁施半釉。口径8.3、底径4.2、高4.3厘米（图五七，4；图版五五，5）。标本2002CWTM7：11，口敛，圆唇，斜腹，大平底。内外壁皆施青釉。口径14.2、底径9.6高6.1厘米（图五七，5；图版五五，6）。标本2002CWTM7：16，微敛口，上腹较直，下腹内收，大平底。内底有支钉，内外壁皆施青釉，外壁施半釉。口径14.6、底径9.4、高6.6厘米（图五七，6；图版五六，1、2）。标本2002CWTM7：18，敛口，圆唇，弧腹，饼形小底。内外壁皆施青釉。口径9.4、底径5.1、高4.6厘米（图五七，7；图版五六，3）。

12. 2002CWTM8

位于发掘区北部，墓向71°。

（1）墓葬形制

砖室墓，平面呈"凸"字形，墓葬保存较好，由墓道、封门砖、甬道、墓室组成，总长6.15米。墓道在墓口处，为弧形斜坡状，半径长0.28、墓口处深约0.3米。封门砖在甬道的出口处，其底部铺一层砖，中部筑土为壁，上部用砖垒，再上用石块垒。保存的高度达1.9米。甬道平面形状也呈"凸"字形，长2.66、最宽2.28米，最高处保留两层竖券的子母口券砖，墓壁下部以10层条砖垒成。墓室长3.49、宽3.22米，保存较好，券顶部分尚存两层券砖，底部保存完好，由九层条砖垒砌而成。墓壁保存的最高高度为1.98米。墓底有铺地砖（图五八；图版四六，4）。

墓内有长方形条砖和子母口券砖两种：条砖长44、宽28、厚11厘米。券砖长约38、宽20、厚11厘米。砖纹有三种，墓室和甬道内以两车轮纹、连体菱形纹（券砖）和三车轮纹（条砖）为主（图版五七，1）。

（2）葬具葬式

在墓室的中部发现了一个头骨和零散的肢骨，头向与墓向相反。

（3）出土器物

墓内共出土器物27件。其中瓷器25件，有壶、碗、罐等；陶罐1件；银钗1件。另有五铢

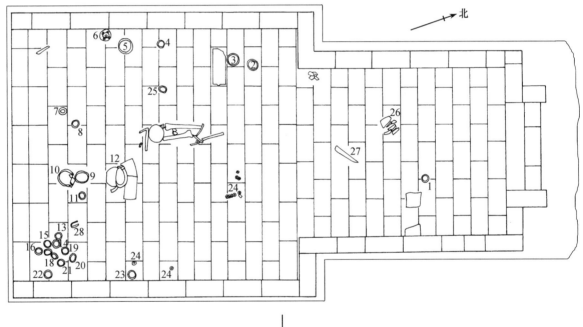

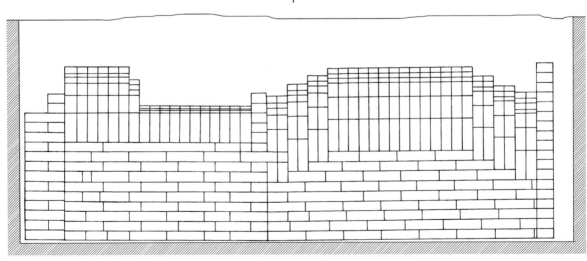

图五八　2002CWTM8平、剖面图

1～5、8～11、13～23、25.瓷碗　6、7.瓷壶　12.陶罐　24.铜钱　26.瓷罐　27.银钗（图中叠压器物未标注序号）

铜钱。

1）瓷器　25件。

盘口壶　2件。2002CWTM8：6，直口，圆唇，束颈，鼓腹，平底。肩上饰4对称横桥形纽，外施青釉及下腹，器表釉脱落。口径6.5、腹径12.9、底径8.1、高12.8厘米（图五九，1；图版五六，4）。2002CWTM8：7，直口，圆唇，溜肩，鼓腹，平底。肩上饰4对称横桥形纽和凹弦纹，外施青釉及下腹部。口径5、腹径7.9、底径5、高10厘米（图五九，2；图版五六，5、6）。

四系罐　1件。2002CWTM8：26，侈口，圆唇，溜肩，鼓腹，平底。肩上饰4对称横桥形纽。内外施青釉，釉多脱落。口径11、腹径14.4、底径10、高18.2厘米（图五九，3；图版五八，1）。

碗　22件。标本2002CWTM8：1，侈口，圆唇，深腹，小平底。口沿下一周凹弦纹，饼形足，饼形足较薄。外施青釉及底。口径7.8、底径3.6、高4厘米（图五九，4；图版五八，2）。标本2002CWTM8：2，敛口，圆唇，弧腹，平底。口沿下一周凹弦纹，外施半青釉，内施青釉。口径11.7、底径7.4、高4.5厘米（图五九，5；图版五八，3）。标本2002CWTM8：3，直口，圆唇，折腹，上腹直，下腹斜收，小平底。内外施青釉，器表釉多脱落。口径8.2、底径4.2、高3厘米（图五九，6；图版五八，4）。标本2002CWTM8：8，敛口，尖唇，深腹，饼底足。外施青釉及底。口径8.4、底径4、高4.2厘米（图五九，7；图版五八，5）。标本2002CWTM8：9，敛口，尖圆唇，斜弧腹，大平底。口沿下施一周凹弦纹，内施青釉，外施青釉至下腹处。口径16.5、底径8.7、高6.5厘米（图五九，8；图版五八，6）。标本2002CWTM8：10，敞口，尖圆唇，口沿下施两周凹弦纹，斜弧腹，大平底。外施釉至下腹处。口径15.4、底径9.5、高6.4厘米（图五九，9；图版五九，1）。

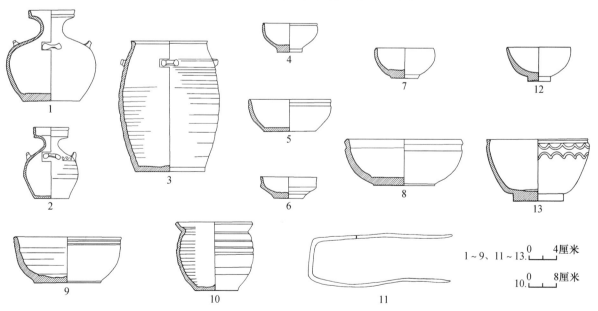

图五九　2002CWTM8、2002CWTM9出土器物

1、2. 瓷盘口壶（2002CWTM8：6、2002CWTM8：7）　3. 瓷四系罐（2002CWTM8：26）　4～9. 瓷碗（2002CWTM8：1、2002CWTM8：2、2002CWTM8：3、2002CWTM8：8、2002CWTM8：9、2002CWTM8：10）　10. 陶罐（2002CWTM8：12）　11. 银钗（2002CWTM8：27）　12、13. 瓷碗（2002CWTM9：1、2002CWTM9：2）

2）陶器

罐 1件。2002CWTM8：12，夹砂红陶。侈口，折沿，方唇，束颈，深腹，平底。形制类釜，烧制火候高，似瓷器的内胎。口径21.4、腹径22.2、底径12.4、高19.3厘米（图五九，10；图版五九，2）。

3）饰品

银钗 1件。2002CWTM8：27，两股，"U"字形，钗脚尖细。长20.6厘米（图五九，11；图版五九，3）。

4）铜钱

五铢钱 2002CWTM8：24，方孔圆钱，正面有轮无郭，背面轮郭俱全。直径2.5厘米。

13. 2002CWTM9

位于发掘区北部，墓向65°。

（1）墓葬形制

长方形墓。墓葬是先挖成土坑，再沿着土坑壁砌砖而成，总长5.1、宽1.84～1.98米。墓葬保存不好，墓室的前半部分几乎被破坏。墓壁最高保存有9层砖，现存最高高度为0.72米（图六〇）。墓底有铺地砖。墓砖有两种形制，一种是长方形条砖，长36、宽17、厚8厘米；另一种是楔形券砖，长36、宽17、前口厚7、后口厚5厘米。砖纹两种：一是连续菱形纹，一是车轮纹。

（2）葬具葬式

在墓室的两侧发现了零乱的肢骨和一枚下颌骨，推测为两个个体的人骨，头向不明。

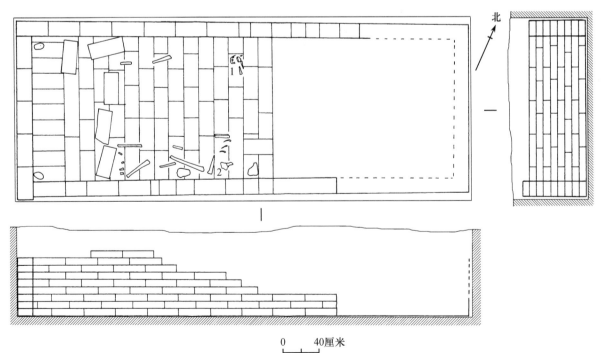

0   40厘米

图六〇 2002CWTM9平、剖面图

1、2.瓷碗

（3）出土器物

墓室后部仅存瓷碗2件。

瓷器

碗　2件。2002CWTM9：1，敞口，尖唇，口沿内敛，深腹，上腹壁较直，厚饼形底。釉色青绿。口径9.4、底径3.4、高4.8厘米（图五九，12）。2002CWTM9：2，敞口，尖唇，深腹，饼形底。口沿下刻画二圈波浪纹，釉色青白。口径15、底径7.5、高8.7厘米（图六〇，13）。

14. 2002CWTM10

位于发掘区西北部，墓向256°。

（1）墓葬形制

刀形墓。墓葬由封门砖、甬道、墓室组成，总长3.78米。封门砖在甬道口处，有4层，多以半砖块垒砌而成，不过底层悬空；长1、高0.4米。甬道长1.28、宽1.16、高0.6厘米，券顶破坏，最高保存8层砖。墓室长2.5、宽2.24米。墓室下部保存尚好，最高有10层砖，高约0.74米。墓底没有铺地砖（图六一；图版六〇，1）。墓内只有长方形条砖和子母口券砖两种，条砖长34、宽18、厚7厘米；券砖长38、宽20、厚11厘米。砖纹为连续菱形纹（图版三四，6）。

（2）葬具葬式

墓内残存人体肢骨，头向与墓向一致。

（3）出土器物

出土器物19件（组）。其中瓷器12件，有罐、盘口壶、碗、盘等；陶器4件，有釜、壶、甑、钵等；铁器1件；琉璃耳珰1枚；另有铜钱数枚。器物出土时，可以看出大体分两层放置，上层为瓷器，下层为陶器，两层落差约为25厘米。

1）瓷器　12件。

壶　1件。2002CWTM10：10，口部残，束颈，鼓肩，下腹内收，平底。肩饰4对称横桥形纽，外壁施青釉不及底。腹径18.4、底径11.2、残高20厘米（图六二，1；图版五九，4）。

四系罐　1件。2002CWTM10：12，圆唇，敛口，溜肩，鼓腹，最大径在腹的中部，形体稍瘦，平底。颈、肩之间饰4对称横桥形纽。外壁施青白釉不及底，釉色脱落。口径11.5、腹径16.5、底径10.6、高18.2厘米（图六二，2；图版五九，5）。

碗　9件。标本2002CWTM10：1，微敛口，圆唇，腹部较深，斜壁，厚饼形底内凹。内底有支钉，内外施青釉。口径12、底径6.7、高7.2厘米（图六二，3；图版五九，6）。2002CWTM10：2，微敛口，圆唇，上腹较直，下腹内收，平底。内外壁均施青釉。口径8.2、底径5、高4.8厘米（图六二，4；图版六一，1）。2002CWTM10：13，侈口，平折沿，上腹较直，大平底。口沿处及腹部饰凹弦纹。内外壁皆施青釉。口径21.5、底径14.7、高9.4厘米（图六二，5；图版六一，2）。

盘　1件。2002CWTM10：8，敞口，圆唇，浅腹，平底。内外壁皆施青釉。口径14.3、腹径13.8、底径13.2、高2.3厘米（图六二，6；图版六一，3）。

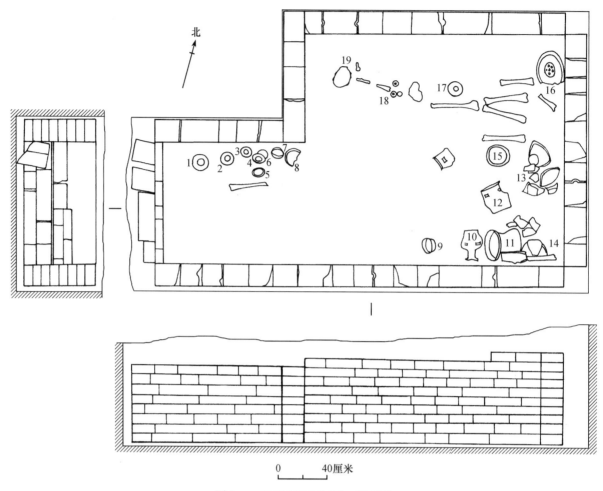

图六一   2002CWTM10平、剖面图

1~7、9、13.瓷碗 8.瓷盘 10.瓷壶 11.陶釜 12.瓷罐 14.铁钉 15.陶器盖 16.陶甑 17.陶钵 18.铜钱 19.琉璃耳珰

2）陶器 4件。

釜 1件。2002CWTM10∶11，泥质红褐陶。大敞口，圆唇，宽平沿，束颈，鼓腹，圜底。腹部饰拍印纹。口径24.8、腹径23.7、高19厘米（图六二，7；图版六一，4）。

壶盖 1件。2002CWTM10∶15，泥质红陶。覆碟式盖，上有一环形纽，纽周围三角形排列三乳钉状纽。外施褐釉。口径17.6、高7.6厘米（图六二，8；图版六一，5）。

甑 1件。2002CWTM10∶16，泥质灰陶。敞口，卷沿，尖唇，下腹斜收，平底。底有7个算孔。腹部饰网格纹。口径28.8 、腹径26、底径15.2、高12.3厘米（图六二，9；图版六一，6；图版六二，1）。

钵 1件。2002CWTM10∶17，泥质红陶。敞口，圆唇，平折沿，深腹，平底。口径11.1、腹径9.56、底径4.3、高5.2厘米（图六二，10；图版六二，2）。

3）铁器

铁钉 1件。2002CWTM10∶14，锈蚀，长8厘米（图版六二，3）。

4）饰品

琉璃耳珰 1件。2002CWTM10∶19，亚腰形，中有穿孔，浅蓝色。孔径0.3、高1.6厘米（图六二，11；图版六二，4）。

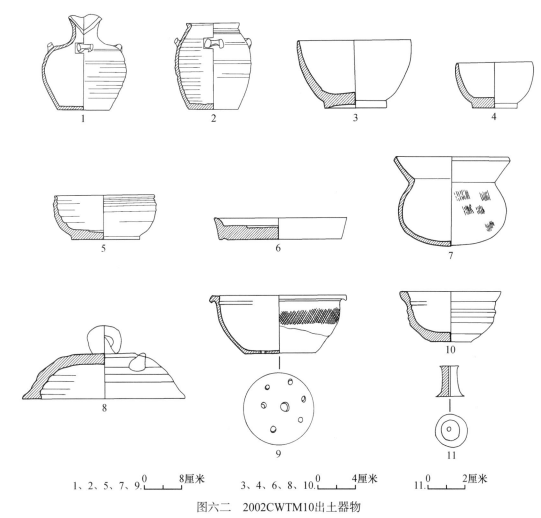

图六二　2002CWTM10出土器物

1. 瓷壶（2002CWTM10：10）　2. 瓷罐（2002CWTM10：12）　3~5. 瓷碗（2002CWTM10：1、2002CWTM10：2、2002CWTM10：13）　6. 瓷盘（2002CWTM10：8）　7. 陶釜（2002CWTM10：11）　8. 陶壶盖（2002CWTM10：15）　9. 陶甑（2002CWTM10：16）　10. 陶钵（2002CWTM10：17）　11. 琉璃耳珰（2002CWTM10：19）

15. 2005CWTM2

位于发掘A区的T0202、T0302、T0203等内，墓向85°。

（1）墓葬形制

"凸"字形砖室墓，由甬道和墓室组成，总长5.96、宽2米。墓葬上部券层几乎破坏，但在墓内堆积中发现有楔形券砖，估计是构筑墓顶的券砖。墓壁保存最高1.1、最低0.72米（图六三；图版六〇，2）。下部条砖层保存较好，最高保存15层，最低保存9层。墓口以砖封门，铺地砖较为规整。墓砖两种：楔形砖，连体钱纹；条砖，长40、宽17、厚8厘米，砖纹为车轮纹，车轮纹又可分两种（图版五七，2）。

（2）葬具葬式

墓室的中部发现有人体骨骼，有2个头骨，头向相背，另有几段肢骨，在甬道内也有零乱的肢骨。据此可知，墓内最少有2个个体。

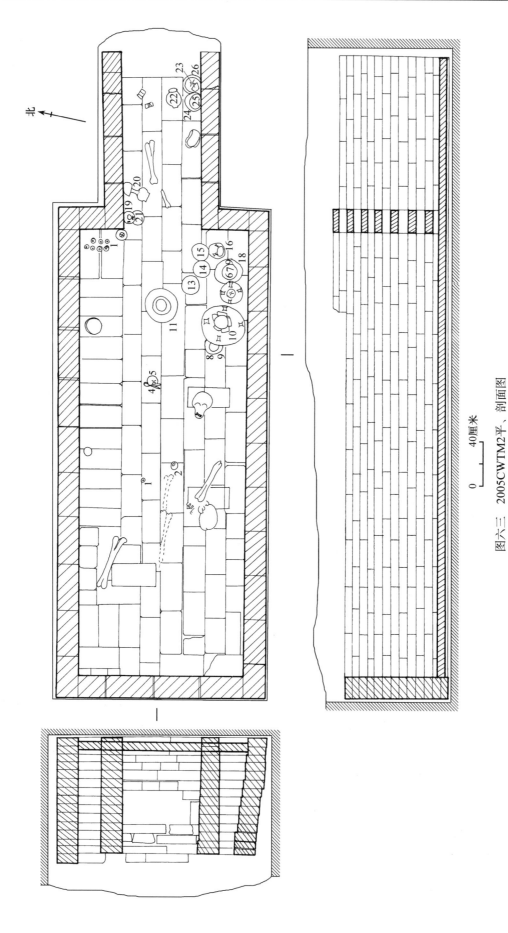

图六三　2005CWTM2平、剖面图

0　　　40厘米

1. 铜钱　2. 银镯　3. 铜镯　4. 铁剪　5. 铜镜　6～9、13～15、17、23～25. 瓷碗　10、11、19. 瓷盏　12、16、22、26. 瓷罐　18. 陶釜　20. 瓷熏炉　21. 瓷盘　24. 器盖

（图中叠压器物未标注序号）

（3）出土器物

墓内出土器物26件，主要为瓷器，还有少量的陶、铜、铁、银器等，另有少量的五铢钱。器物主要放置在甬道和墓室的前端。

1）瓷器 20件。

盘口壶 3件。标本2005CWTM2：11，盘口，短颈，弧肩，鼓腹，平底。肩饰4对称横桥形纽。内外壁施青釉，外壁施半釉，釉层剥落。口径17、腹径26、底径13.4、高34.6厘米（图六四，1；图版六二，5）。标本2005CWTM2：19，盘口，短颈，弧肩，鼓腹，平底。肩饰4对称横桥形纽。内外壁施青釉，外壁施半釉，釉层剥落。口径5、腹径10、底径6.8、高9.5厘米（图六四，2；图版六二，6）。

罐 4件。标本2005CWTM2：12，侈口，方唇，鼓肩，圆腹，平底内凹。肩饰4对称横方桥形纽。内外壁施青釉，外壁施釉及腹下，釉层剥落。口径10、腹径20.2、底径13.6、高21.8厘米（图六四，3；图版六三，1）。标本2005CWTM2：16，小直口，斜肩，鼓腹，平底。肩饰4对称横方桥形纽。内外施黄釉，外壁施釉及腹下，釉色好。口径8.8、腹径15.2、底径8.8、高14.8厘米（图六四，4）。标本2005CWTM2：22，敞口，尖唇，鼓腹，平底。覆碟形盖，上置环纽。肩饰4对称横方桥形纽，上腹饰凹弦纹。内外壁施青釉，外施半釉及腹下，釉色好。口径8.5、腹径13、底径8.2、盖径9.3、通高16.7厘米（图六四，5；图版六三，2）。

碗 11件。标本2005CWTM2：9，敞口，尖唇，弧腹，圈足，平底。外壁刻划莲花纹，内、外底均有支钉痕。内外壁施青釉。口径14.6、底径8.8、高8厘米（图六四，6；图版六三，3）。标本2005CWTM2：15，敞口，口沿微外翻，尖圆唇，弧壁，圈足，平底略内凹。口径16、底径5.6、高7厘米（图六四，7；图版六三，4）。标本2005CWTM2：24，敛口，尖圆唇，上腹微鼓，下腹内收，饼形底。内外壁施青釉，外施半釉及腹下，釉多已脱落，内外壁施化妆土，口沿上有细密的支钉痕，内底有方形的大支钉痕。口径17.5、底径10、高7厘米（图六四，8；图版六三，5）。标本2005CWTM2：25，敛口，尖唇，弧腹，饼形底。内外施青釉，内底有支钉痕，外底有垫圈痕，垫圈痕和碗底直径大小相当。口径13.5、底径9、高6.7厘米（图六四，9；图版六三，6）。

盘 1件。2005CWTM2：21，敞口，斜腹，内凹。平底。内外底均有支钉痕迹。口径14、底径12.6、高2厘米（图六四，10；图版六四，1）。

熏炉 1件。2005CWTM2：20，罐形香薰，覆碟形盖，上有桥纽。上有菱形孔，下承托，底有碗形托盘。口径12、底径12、通高18.5厘米（图六四，11；图版六四，2、3）。

2）陶器 1件。

釜 1件。2005CWTM2：18，泥质红褐陶，敞口，大折沿，垂腹，圜底。底部饰绳纹。口径23、腹径21.6、高18.7厘米（图六四，12；图版六四，4）。

3）饰品 2件。

银镯 1件。2005CWTM2：2，圆形，表面饰浅槽，形成类似联珠的效果。直径6.2、宽0.8、厚0.4厘米（图版六四，5）。

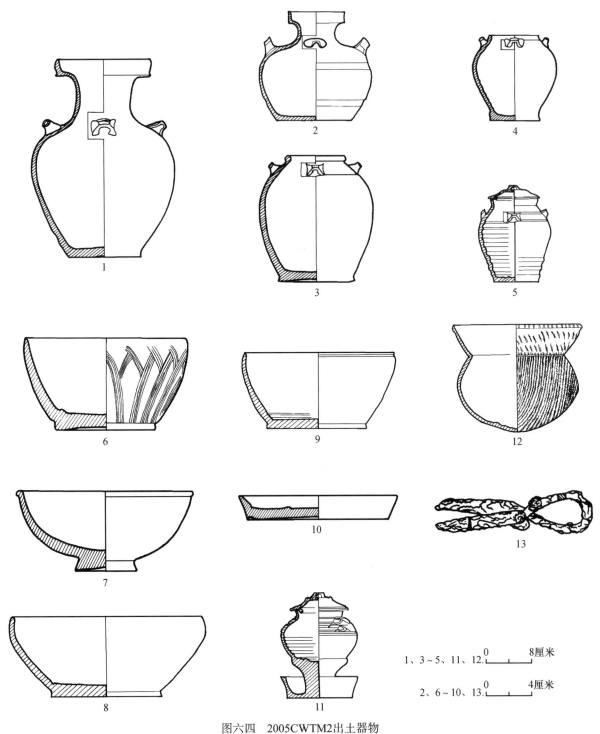

图六四　2005CWTM2出土器物

1、2.瓷盘口壶（2005CWTM2：11、2005CWTM2：19）　3~5.瓷罐（2005CWTM2：12、2005CWTM2：16、
2005CWTM2：22）　6~9.瓷碗（2005CWTM2：9、2005CWTM2：15、2005CWTM2：24、2005CWTM2：25）
10.瓷盘（2005CWTM2：21）　11.瓷熏炉（2005CWTM2：20）　12.陶釜（2005CWTM2：18）　13.铁剪（2005CWTM2：4）

铜镯　1件。2005CWTM2：3，圆形，表面饰浅槽，形成类似联珠的效果。直径5.8、宽0.6、厚0.45厘米（图版六四，6）。

4）铁器　1件。

剪　1件。2005CWTM2：4，后部弯曲向前交叉呈剪刀形。长14厘米（图六四，13；图版六五，1）。

5）铜器　1件。

镜　1件。2005CWTM2：5，圆形，背饰规矩、凤鸟纹。直径10.1，厚0.26厘米（图版六五，2）。

6）钱币

五铢钱，2005CWTM2：1，直径2.5厘米（图版六五，3）。

16. 2005CWTM6

位于发掘C区的T2401及其扩方内，墓向88°。

（1）墓葬形制

长方形砖室墓，墓室狭长，长4.72、宽1.9米。墓葬上部破坏，没有发现券顶砖层，但在墓内堆积土层中找到了一些楔形券砖的残块，这些楔形砖原来应该是该墓的券顶用砖。下部以平垒的条砖构筑而成，北壁残存砖壁7层，约0.56米；南壁最高残存9层，约0.72米；后壁（西壁）最高留存7层砖。墓口处有封门砖，最高残存8层，最低4层（图六五；图版六〇，3）。墓底没有铺地砖，而是铺一层厚厚的鹅卵石，约15厘米。通过观察，这些鹅卵石绝大多数为1~3厘米的小石头。墓砖两种：楔形砖，长38、宽18、一端厚5.5、另一端厚7.5厘米；条砖，长38、宽18、厚8厘米。砖纹为连续菱形纹（图版五七，3）。

（2）葬具葬式

人体骨骼朽烂，只余几段肢骨和几枚牙齿。

（3）出土器物

共出土器物24件，有瓷碗、罐、壶、器盖及陶罐等，铜钱朽烂，无法提取。

1）瓷器　23件。

碗　16件。标本2005CWTM6：4，直口微敞，圆唇，弧腹，下腹斜收，平底。口沿下饰一周凹弦纹。口沿上有细密的支钉痕，内外底均有支钉痕。内外壁施青釉，外壁施半釉。口径17、底径9.7、高6.3厘米（图六六，1；图版六五，4）。标本2005CWTM6：8，敞口，尖唇，上腹较直，下腹弧收，平底。外壁刻划莲花纹，内底有支钉。内外壁施青釉。口径15、底径8.4、高8.4厘米（图六六，2；图版六五，5）。标本2005CWTM6：13，敞口，圆唇，弧壁，平底。内外壁施青釉，外壁施釉不及底。口径8.4、底径4.8、高4.2厘米（图六六，3；图版六五，6）。标本2005CWTM6：14，敛口，尖圆唇，弧腹，平底。内外壁施青釉，釉色好，内底积釉较厚呈墨绿色，饼底外侧亦积釉，外底有一釉滴，有垫圈痕。口径12.2、底径6.4、高7.2厘米（图六六，4；图版六六，1）。

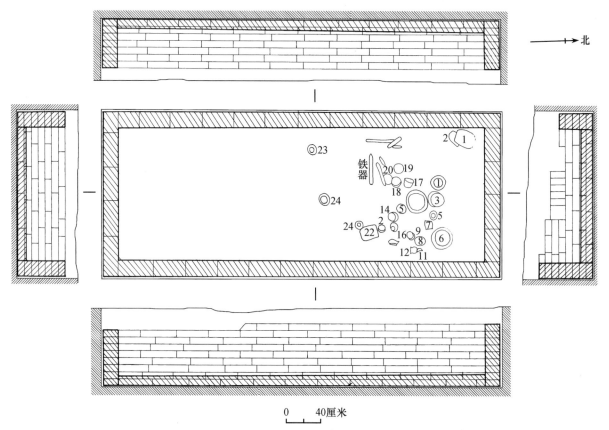

图六五　2005CWTM6平、剖面图

1、2、6、16、22.瓷罐　3.瓷壶　4、5、7～15、17～21、23.瓷碗　24.瓷盖（2枚）

（图中叠压器物未标注序号）

　　盘口壶　1件。2005CWTM6：3，直口，圆唇，束颈，弧肩，扁圆腹，大平底。口径13.5，腹径16、底径13.8、高12.6厘米（图六六，5；图版六六，2）。

　　罐　4件。标本2005CWTM6：2，侈口，方唇，溜肩，弧腹，平底。肩上饰4对称横桥形纽。内外施青釉，外施半釉，釉脱落。口径10、腹径13.4、底径9.5、高19.2厘米（图六六，6；图版六六，3）。标本2005CWTM6：16，侈口，尖唇，平沿，宽肩，鼓腹，下腹斜收，平底。肩上饰4对称横桥形纽。内外施青釉，外施半釉，釉脱落。口径19、腹径24.4、底径12.8、高17.8厘米（图六六，7；图版六六，4）。标本2005CWTM6：22，侈口，圆唇，圆肩，鼓腹，下腹斜收，平底。肩上饰4对称横桥形纽。内外施青釉，外施釉至腹下。口径11.3、腹径20.6、底径12.4、高23.6厘米（图六六，8；图版六六，5）。

　　器盖　2件。2005CWTM6：24，一件较大，平折顶，桥形纽，子母口。口径10、纽高2.2、高4.4厘米。另一件为圆弧形，桥形纽，子母口。口径8.4、纽高0.8、高2.2厘米（图版六六，6）。

　　2）陶器

　　罐　1件。2005CWTM6：6，泥质灰陶。侈口，圆唇，卷沿，宽肩，鼓腹，下腹斜收，小平底。肩上饰2对称环形抓手。口径18.4、腹径24、底径13、高21.9厘米（图六六，9；图版六七，1）。

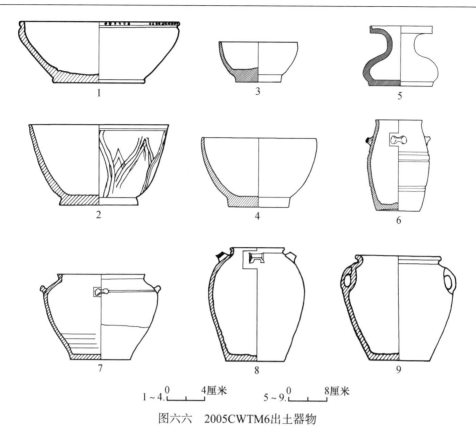

图六六　2005CWTM6出土器物

1~4. 瓷碗（2005CWTM6：4、2005CWTM6：8、2005CWTM6：13、2005CWTM6：14）　5. 瓷盘口壶（2005CWTM6：3）
6~8. 瓷罐（2005CWTM6：2、2005CWTM6：16、2005CWTM6：22）　9. 陶罐（2005CWTM6：6）

17. 2005CWTM7

位于发掘C区的T2103及其扩方内，墓向65°。

（1）墓葬形制

刀形砖室墓。由甬道和墓室组成，总长5.36、墓室宽1.86米，甬道宽1.48米。墓葬上部券层均已破坏，但在墓内发现了楔形券砖，估计是构筑墓葬用的。下层条砖保存较好，最多有14层，最少也有9层（图六七；图版六〇，4）。墓口以石板封门。铺地砖较为规整。墓砖两种：楔形砖，连体菱形纹；条砖，长34、宽17、厚5.5~6.5厘米，砖纹为连体钱纹，钱纹又可分两种。

（2）葬具葬式

在墓室的后部发现多处朽烂的人骨，难辨个体数目。

（3）出土器物

墓内共出土26件器物，主要是瓷器，以瓷碗为大宗，另有鎏金铜饰件等。器物主要放置在甬道和墓室的前端。

1）瓷器　24件。

盘口壶　2件。2005CWTM7：19，圆唇，短颈，宽肩，鼓腹，下腹斜收，平底微内凹。肩上饰4对称横桥形纽。内外施青釉，外施半釉。口径15、腹径26.8、底径14、高31厘米（图

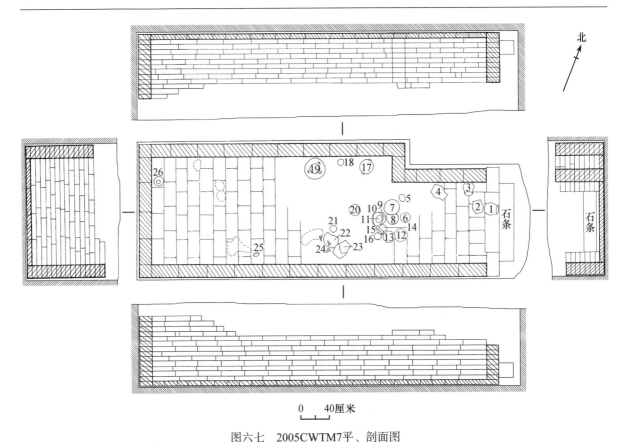

北

0   40厘米

图六七　2005CWTM7平、剖面图

1～4、17、23. 瓷罐　5～14、16、20～22、25. 瓷碗　15. 瓷盘　18. 铜镯　19、26. 瓷壶　24. 鎏金铜饰件

六八，1；图版六七，2）。2005CWTM7：26，敞口，圆唇，短颈，溜肩，鼓腹，大平底微内凹。内外施青釉，釉未及底。口径9.8、底径10.3、高11.2厘米（图六八，2）。

罐　6件。标本2005CWTM7：1，敞口，方唇，溜肩，下腹外鼓，平底。沿下有凹弦纹，肩上饰4对称横桥形纽。内外施青釉。口径12、底径12.4、高18.9厘米（图六八，3；图版六七，3）。标本2005CWTM7：17，侈口，方唇，小卷沿，宽肩，收腹，小平底。肩上饰2对称竖环形抓手。内外施青釉。口径19.8、底径13、高15.6厘米（图六八，4；图版六七，4）。

碗　15件。标本2005CWTM7：9，口较直，尖圆唇，弧腹，大平底微。内外壁施青釉，外施半釉，多已剥落。口径16.6、底径11.5、高5.8厘米（图六八，5；图版六七，5）。标本2005CWTM7：11，口微敞，弧壁，平底内凹。口径9.1、底径5.7、高3.7厘米（图六八，6）。标本2005CWTM7：22，敞口，尖唇，斜壁，大平底内凹。口沿下饰一周凹弦纹。口径20、底径12、高6.4厘米（图六八，7）。

盘　1件。2005CWTM7：15，浅盘，敞口，尖唇，斜腹，平底内凹。内外施青釉，外底有支钉痕。口径15、腹径14.4、底径12.6、高2.3厘米（图六八，8；图版六七，6）。

2）饰品　1件。

铜镯　1件。2005CWTM7：18，圆形，残断（图版六八，1）。

3）漆器附件

鎏金饰件　1套6件。2005CWTM7：24，两种形制，一种卷云头，连接长棱形饰，头

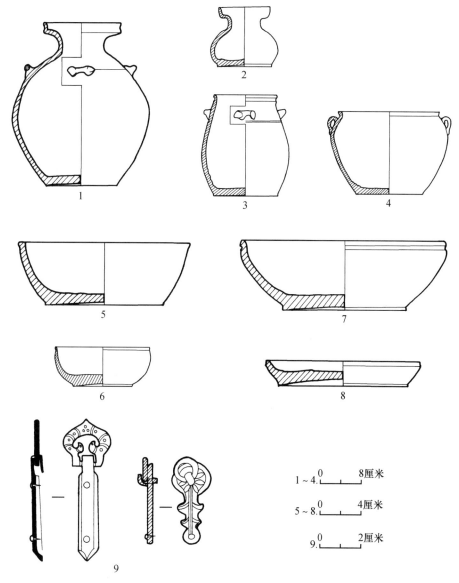

图六八 2005CWTM7出土器物

1、2. 瓷盘口壶（2005CWTM7：19、2005CWTM7：26） 3、4. 瓷罐（2005CWTM7：1、2005CWTM7：17） 5~7. 瓷碗（2005CWTM7：9、2005CWTM7：11、2005CWTM7：22） 8. 瓷盘（2005CWTM7：15） 9. 鎏金饰件（2005CWTM7：24）

尖；一种类钥匙，头部穿圆环，均鎏金。大者长6.6、宽1~2.3、环径0.4厘米；小者长3.8、宽0.8~1.1、环径1.4厘米（图六八，9；图版六八，2）。

18. 2005CWTM8

位于发掘A区的T0100及其扩方内，墓向50°。

（1）墓葬形制

长方形砖室墓，墓葬破坏十分严重，在墓的两端各有一个扰动的大坑，砖壁最多的只见一层，也不见铺地砖。依据残存砖壁走向，大体判定该墓为长方形，墓朝东北方向。残长3.5、宽1.94米（图六九；图版六九，1）。墓砖两种：楔形砖，长36、宽18、一端厚5.5、另一端厚6.5厘米，砖纹为连体菱形纹；条砖，长37、宽16、厚8厘米，砖纹为连续菱形纹。

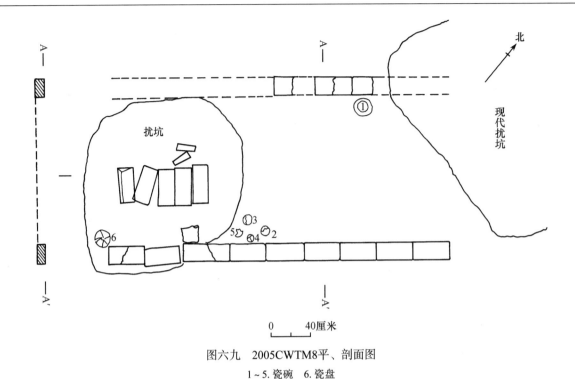

图六九　2005CWTM8平、剖面图

1～5. 瓷碗　6. 瓷盘

（2）葬具葬式

未发现人体骨骼，葬式不明。

（3）出土器物

在清理M8上层时，有许多六朝时期瓷片出土，在该墓底部，发现6件瓷器，主要为碗，除1件完整外，其他均残破。

瓷器　6件。

碗　5件。标本2005CWTM8：1，敞口，圆唇，弧腹，饼形底。口沿下饰一周凹弦纹，内、外底均有支钉痕。内外施青釉。口径16.2、底径11.2、高6.6厘米（图七〇，1；图版六八，

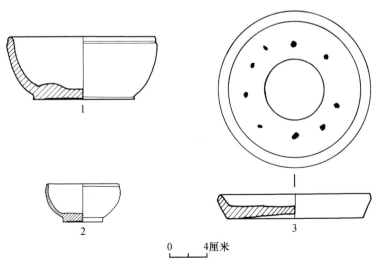

图七〇　2005CWTM8出土瓷器

1、2. 碗（2005CWTM8：1、2005CWTM8：2）　3. 盘（2005CWTM8：6）

3）。标本2005CWTM8：2，敛口，弧壁，平底。外底有支钉痕迹。内外施青釉。口径8、底径4.3、高4厘米（图七〇，2；图版六八，4）。

盘 1件。2005CWTM8：6，敞口，尖唇，斜腹，平底内凹。内外施青釉。口径16.5、腹径16.2、底径14.8、高2.5厘米（图七〇，3；图版六八，5）。

19. 2005CWTM9

位于发掘A区的T0106内，墓向65°。

（1）墓葬形制

长方形砖室墓，墓室狭长，长4.56、宽1.6米，保存最高0.86米（图七一；图版六九，2）。墓葬上部券层几乎破坏，只有南壁保存了一层楔形券砖。下层条砖保存较好，最多有12层，最少也有8层。墓口两侧立两根条石，墓口以石板封门。铺地砖比较规整。墓砖两种：楔形砖，长36、宽18、一端厚5、另一端厚6厘米，砖纹为方格菱形纹；条砖，长36、宽18、厚7厘米，两个侧面有砖纹，均为连体钱纹，钱纹又可分两种，其中一种在钱孔中书写"徐氏造墓"等字。另外，在墓底还见有备马图画像条砖、连续菱形纹子母口券砖等，但这些砖不参与墓葬的构筑。

（2）葬具葬式

人骨朽烂，已难辨认人形。葬式不明。

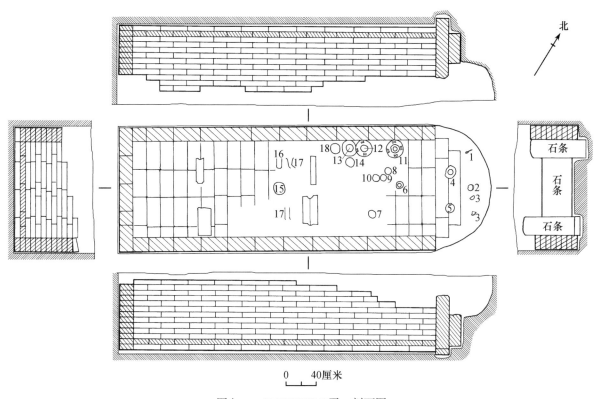

图七一 2005CWTM9平、剖面图

1.铜箭镞 2～10、14、15.瓷碗 11.瓷壶 12.瓷罐 13.陶罐 16、17.银钗 18.铁盘

（3）出土器物

共出土18件，主要为瓷器，其中碗为大宗，另有铜器、铁器、银器等。器物主要放置在墓口附近，其中在墓口的外侧、封门石的上部还发现了5件器物。

1）瓷器　13件。

盘口壶　1件。2005CWTM9：11，盘口，束颈，宽肩，收腹，平底。肩饰4对称横桥形纽。内外施酱褐釉，釉层多已剥落。口径9.3、腹径16.5、底径8、高17厘米（图七二，1；图版七〇，1）。

罐　1件。2005CWTM9：12，侈口，尖唇，溜肩，鼓腹，下腹斜收，平底。沿下四道凹弦纹，肩饰4对称横桥形纽，外壁拍印细密网格纹。内外施酱褐釉，外壁施釉不及底，釉层多已剥落。口径8.9、腹径18.3、底径10.4、高19.8厘米（图七二，2；图版七〇，2）。

碗　11件。标本2005CWTM9：2，直口，圆唇，折腹，斜壁，平底。口径8.2、底径3.6、高3.5厘米（图七二，3；图版七〇，3）。标本2005CWTM9：4，敞口，圆唇，圆腹，大平底。口沿下饰两周凹槽。内外壁施青釉，均半釉，釉层多已剥落。口径16、底径9.8、高5.9厘米（图七二，4；图版七〇，4）。标本2005CWTM9：14，敞口，方唇，斜壁，平底微内凹。口沿下饰两周凹槽。内外壁施青釉，外施半釉。口径12、底径6、高4.4厘米（图七二，5；图版七〇，5）。

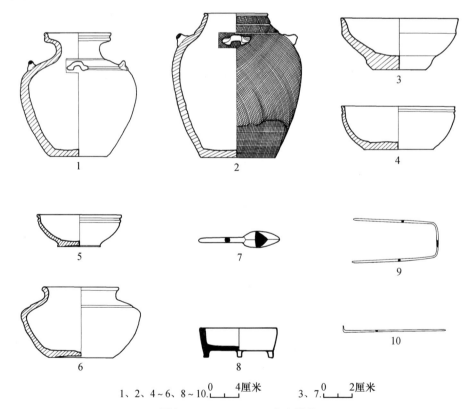

图七二　2005CWTM9出土器物

1. 瓷盘口壶（2005CWTM9：11）　2. 瓷罐（2005CWTM9：12）　3～5. 瓷碗（2005CWTM9：2、2005CWTM9：4、
2005CWTM9：14）　6. 陶罐（2005CWTM9：13）　7. 铜箭镞（2005CWTM9：1）　8. 铁三足盘（2005CWTM9：18）
9、10. 银钗（2005CWTM9：16、2005CWTM9：17）

2）陶器

罐　1件。2005CWTM9：13，泥质灰陶，侈口，圆唇，卷沿，宽肩，折腹，小平底微内凹。肩上饰一周凹弦纹。口径10.8、腹径17、底径9.2、高9.6厘米（图七二，6；图版七〇，6）。

3）铜器

箭镞　1件。2005CWTM9：1，头部为三棱状，铤较长。长5.6厘米（图七二，7；图版七一，1）。

4）铁器

三足盘　1件。2005CWTM9：18，直口，平底，三足。口径11、高4厘米（图七二，8；图版七一，2）。

5）饰品

银钗　2件。2005CWTM9：16，钗头呈菱形，两股钗脚的间距较宽，钗脚一端尖细。长11.8厘米（图七二，9）。2005CWTM9：17，残断，钗头为圆弧形，两股钗脚的间距较窄，钗脚一端尖细。长14.4厘米（图七二，10）。

（二）石室墓

2001CWTM7

位于发掘区西部，墓向54°。

（1）墓葬形制

石室墓，平面呈长方形，墓室狭长，长约6.4、宽约1.96米。被一座现代土坑墓打破，墓室破坏严重。墓壁用石条垒砌，石条仅存底部的一层，以砖铺地，有的地方铺地砖已被破坏，不过墓葬的大体形状仍可看出（图七三；图版六九，3）。

垒墓壁的石条宽约22厘米，厚约14厘米，长短不一，有的长达1.3米。铺地砖较薄，厚约7、长40厘米左右。砖纹为车轮纹一种，里面纹饰有细微差别。

（2）葬具葬式

墓室内不见人骨和葬具。

（3）出土器物

22件，均为瓷器。有壶、罐、碗、盘、六足砚等。

六系罐　1件。2001CWTM7：7，小口，圆唇，直沿，圆肩，鼓腹，平底。肩饰有6对称的桥形纽，腹部刻划莲花纹。内外施青釉，釉脱落。口径9、腹径19、底径10、高19.3厘米（图七四，1；图版七一，3）。

罐　3件。2001CWTM7：4，小口，圆唇，卷沿，溜肩，弧腹，平底。肩饰4对称横桥形纽。内外施青釉，釉脱落。口径11.7、腹径18.3、底径13.5、高24.8厘米（图七四，2；图版七一，4）。2001CWTM7：6，小直沿，平沿，宽肩，鼓腹，下腹内收，平底。肩饰4对称横桥形纽。釉已脱落。口径22.1、腹径26.3、底径12.8、高20.2厘米（图七四，3；图版七一，5）。2001CWTM7：5，方唇，折沿，宽肩，鼓腹，下腹内收，平底。内外施青釉，釉脱落。口径

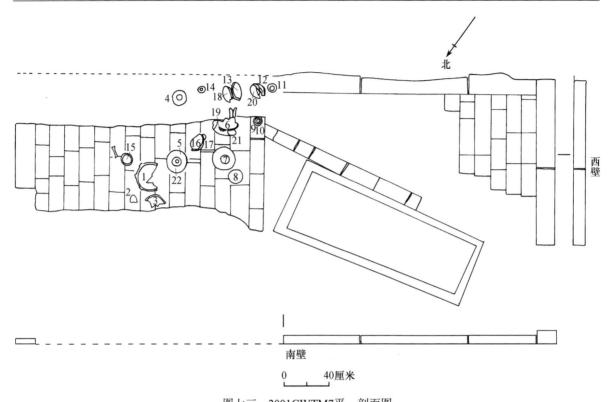

图七三　2001CWTM7平、剖面图

1. 六足砚　2、8~14、16~21. 瓷碗　3、15. 瓷盘　4、22. 瓷壶　5~7. 瓷罐

22、腹径28、底径14.6、高19.5厘米（图七四，4；图版七一，6）。

唾壶　1件。2001CWTM7：22，盘口，细颈，溜肩，垂腹，平底。内外施青釉。口径6.4、腹径9.4、底径6.9、高8.8厘米（图七四，5；图版七二，1）。

碗　14件。标本2001CWTM7：16，敛口，圆唇，斜壁，平底。内壁施青釉，外壁施半釉。口径15、底径9.8、高6.2厘米（图七四，6；图版七二，2）。标本2001CWTM7：13，敛口，圆唇，斜壁，上腹略鼓出，平底。釉脱落。口径16、底径9.3、高6.6厘米（图七四，7）。标本2001CWTM7：14，敛口，圆唇，斜壁，上腹略鼓出，平底微内凹。内施青釉，外施半釉。口径17.8、底径10.6、高6.4厘米（图七四，8；图版七二，3）。标本2001CWTM7：19，敞口，圆唇，直壁，上腹较直，下腹微鼓，平底。内外施青釉，釉较好。口径11.8、底径7.1、高5厘米（图七四，9；图版七二，4）。标本2001CWTM7：10，敛口，圆唇，斜壁，腹较浅，平底。口径9.2、底径5、高3.6厘米（图七四，10）。标本2001CWTM7：9，微敛口，圆唇，上腹较直，下腹内收，平底。内外壁施青釉。口径8.4、底径4.8、高4厘米（图七四，11）。标本2001CWTM7：17，直口，圆唇，上腹较直，下腹内收，平底。内外壁皆施青釉。口径8.5、底径4.2、高4.1厘米（图七四，12）。

盘　2件。标本2001CWTM7：15，直口，圆唇，盘较浅，大平底。口径12.3、腹径12.5、底径12.1、高2.2厘米（图七四，13；图版七二，5）。

六足砚　1件。2001CWTM7：1，圆唇，直沿，浅盘，底内凸。六蹄足外撇，外施青釉，内施半釉。口径25.5、底径25.5、高10厘米（图七四，14；图版七二，6）。

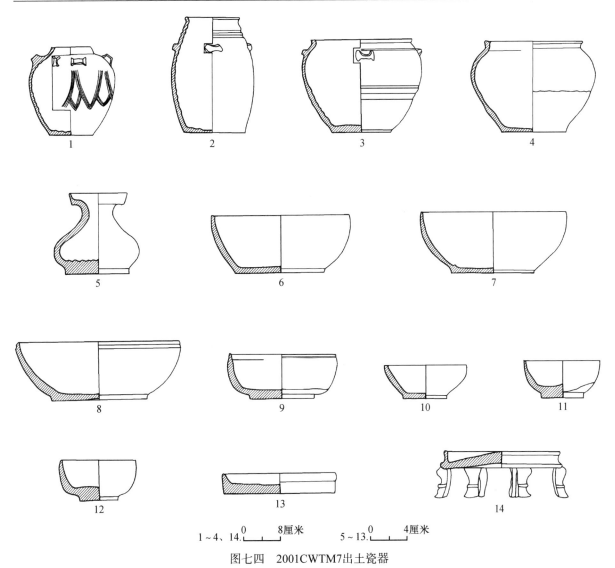

图七四　2001CWTM7出土瓷器

1.六系罐（2001CWTM7：7）　2~4.罐（2001CWTM7：4、2001CWTM7：6、2001CWTM7：5）　5.唾壶（2001CWTM7：22）
6~12.碗（2001CWTM7：16、2001CWTM7：13、2001CWTM7：14、2001CWTM7：19、2001CWTM7：10、2001CWTM7：9、
2001CWTM7：17）　13.盘（2001CWTM7：15）　14.六足砚（2001CWTM7：1）

四、其他遗迹

1.墓葬

（1）2005CWTM3

位于发掘D区的T3303、T3304、T3403、T3404内，墓向353°（图七五）。

D区第三层内遗迹，不见砖壁，底部为零乱的碎砖块，排列毫无规律，其上有少量的六朝时期瓷片，还有一段肢骨，砖块为东汉、六朝时期墓砖。很显然，这里或附近原有一处东汉、六朝时期砖室墓葬，但被后人扰动，以致成现在的这种面貌。从清理的痕迹看，我们无法判定M3是何种遗迹，可以肯定M3不像是破坏后的墓葬残迹。

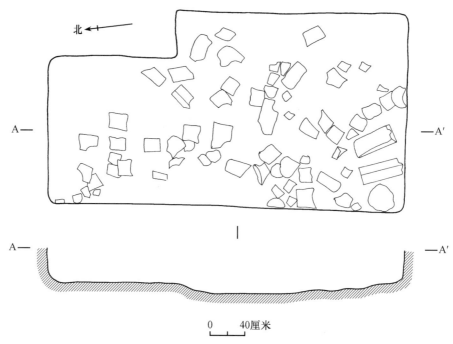

北←

A——　——A'

A——　——A'

0　40厘米

图七五　2005CWTM3平、剖面图

（2）2005CWT M4

位于发掘B区的T1701内（图七六）。

为B区第二层内遗迹，砖、石混筑，形制较为特殊。壁均只有一层砖或一层石块，多为碎砖块，为东汉、六朝时期墓砖。从清理的痕迹看，无法判断M4为何种遗迹，但应是后人拆掉东汉、六朝时期砖室墓葬后改建的。

（3）2005CWT M5

位于发掘B区的T1803、T1804内（图七七）。

为B区第二层内遗迹，砖、石混筑，形制较为特殊。壁均最多为二层砖或一层石块，多为碎砖块，为东汉、六朝时期墓砖，有的石块较为规整。从清理的痕迹看，无法判断M5为何种遗迹，但应是后人拆掉东汉、六朝时期砖室墓葬后改建或遗弃的。

2. 窑址

2002年度发掘中还发现窑址两座，编号Y1、Y2。

（1）2002CWTY1

位于发掘区中部，墓向90°（图七八）。

窑址平面大体呈"甲"字形，上部已破坏，下层保存较好，由火门、火塘、窑室和烟孔组成，总长3.86、深0.3~1.3米。窑址的最前端为火门，入口处有两块残砖。火门之后为火塘，火塘平面大体呈梯形，较深，底部平整，长 1、宽 0.5~1.8、深1.3米。火塘后是窑室，平面呈长方形，长2.1、宽1.8~1.94、深0.3米。烟孔在窑室最后端的两个角上，长0.3、宽0.2、深0.1~0.3米。窑壁呈灰色，烧结厚度为2~4厘米，壁略向外倾斜，灰色壁外侧的土壤呈红褐

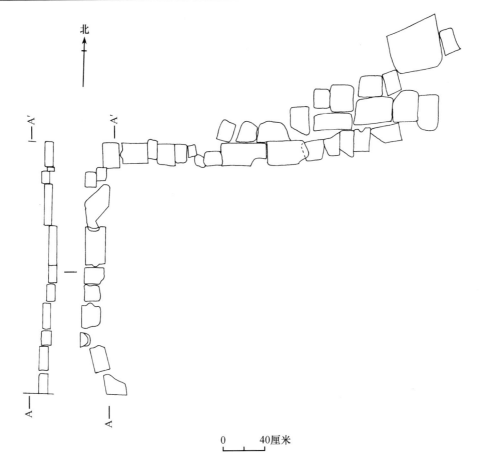

北

A'—

A'—

—A'

0　　40厘米

图七六　2005CWTM4平、剖面图

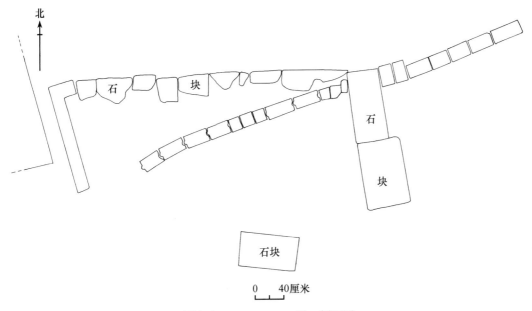

北

石

块

石

块

石块

0　　40厘米

图七七　2005CWTM5平、剖面图

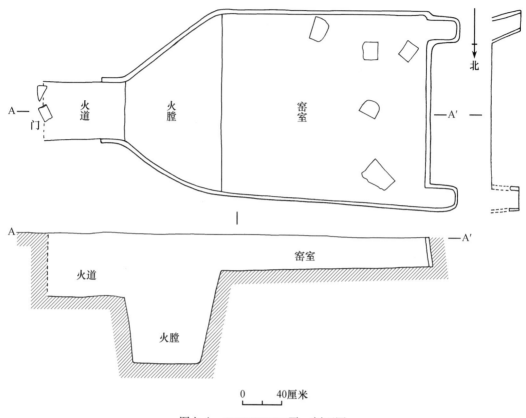

图七八　2002CWTY1平、剖面图

色，说明窑址使用时间较长。

窑址内填土以红烧土为主，也有少量的炭粒，另外填土中还包含有绳纹瓦片和饰花纹的碎砖块。在窑室的后端上残留半砖5块，可能是垫具。

（2）2002CWT Y2

位于发掘区中部，墓向46°（图七九）。

窑址平面大体呈"甲"字形，上部已破坏，与Y1形制大致相同，由火塘、窑室和烟孔组成，但未见明显的火门痕迹。总长3.1、深0.32～0.5米。窑址的最前端为火塘，火塘平面呈弧边三角形，底面呈锅底状，底边长2.04、深 0.4～0.5米；其壁的外围有一圈宽0.1～0.2米的红烧土层。火塘后是窑室，平面呈方形，长1.76、宽1.96～2.04、深0.32米；窑壁外侧有宽达0.15～0.4、厚约0.05米的红烧土层。烟孔三个，在窑室后壁角上，长0.16、宽0.14～0.16、深0.32～0.38米。窑壁呈暗红色，烧结厚度为4～8厘米，壁略向外倾斜，窑壁外侧的土壤呈深红色而且较厚，说明使用的时间相当长。

窑址内堆积大量红烧土和饰车轮纹和网格钱纹的碎砖块，还有少量的绳纹瓦片。在窑室的后部，地面有8条明显的火道痕迹和大量的木炭痕迹。

因2座窑破坏严重，仅存底部，伴出遗物不多，仅从2号窑址的砖纹来判断，此窑址发现砖纹与墓葬砖纹一致，应为同时期烧造墓室砖的窑炉。

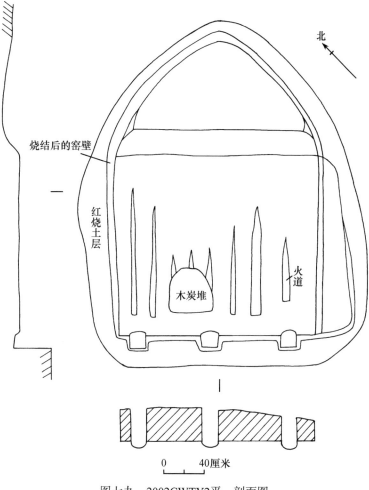

图七九　2002CWTY2平、剖面图

第四章 墓葬形制与年代

糖坊墓群经过2001年、2002年、2005年三次考古发掘，发掘墓葬38座，陶窑2座。

38座墓葬中，性质不明的4座，其余34座墓葬中，砖室墓21座，石室墓3座。

一、墓葬形制

砖室墓形制分为刀形墓、"凸"字形墓和长方形墓，前两种有甬道，长方形墓无甬道。营造方式均为先挖斜坡墓道和土圹，在土圹中先铺地板砖，再以平砖垒砌四壁和甬道，最后以楔形砖起券，券顶均为圆弧形。

楔形砖有两种：一种为一端带榫卯的；另一种为厚薄度不一的梯形砖。其中榫卯砖纵向相接，起券高度高；梯形砖横向排列，起券高度较低。

砖均有花纹，多数为几何纹样，少量画像、文字砖。几何纹样多见连续菱形纹，其他还有十字纹、车轮纹、钱纹、回纹与菱形纹组合的样式，还可见莲花纹样。文字砖多见"贵富"字样。画像砖为马拉车和人牵马画像（图版五七，4；图版七三）。

墓葬形制较为统一，墓葬方向基本一致，互相之间很少存在打破关系，证明此处为规划排列有序、砌筑方式较为统一的一处家族墓地。

由于缺乏文字材料和直接证据，墓葬年代主要依靠墓葬形制和随葬品来判定。

石室墓均为长方形墓，结构较为简单，墓室狭长，有的有铺地砖（石），埋藏较浅，破坏较严重，顶部情况不明。

二、随葬品组合

墓葬随葬品可分为陶器和瓷器两大类，还有铁器、铜器、装饰品（包括金银、琉璃、石质）和钱币。其中陶器可分为实用器和模型明器。实用器器形较大，多为灰、黑陶，器形有釜、甑、罐、囷、碗、盘等，模型明器为红陶，火候较低，破损严重。器形包括俑、熏炉、灯、仓、罐、碗、盘、勺等。瓷器主要为原始青瓷和青瓷器两大类，原始青瓷数量少，主要是罐。青瓷器数量多，有鸡首壶、四系罐、壶、盘、碗、熏炉等。铁器主要为三足架，铜器主要是釜、盆等，装饰品包括金耳饰、银簪、琉璃耳珰、石黛板等。钱币包括五铢钱、大泉五十、直百五铢等。

随葬品放置方法上，出现了迥然有别的两类墓葬：第一类是分组放置，砖室墓中埋葬成对的个体多组，随葬品按照就近原则放在成对个体附近，最多者放置六组，导致墓室内随葬品遍布，连甬道也放置，表现出峡江地区特有的墓葬习俗。第二类则严格按照夫妻同穴埋葬的方式营建，随葬品按照夫妻双方所属分别放置在甬道和墓室的交接处的不同地点，总体数量减少，以瓷器为主，陶器少见或不见。

三、年代推定

墓葬年代即以这两类墓为主进行划分，参考峡江地区发表的考古资料进行对比，将出土陶器为主的墓葬定为东汉墓葬，出土瓷器居多的墓葬定为六朝墓葬。其中一座出土陶器为主的墓葬出土直百五铢，乃蜀汉时期钱币，依据钱币将墓葬定为蜀汉时期。以此，在历年糖坊墓群发掘墓葬中，共发掘东汉墓葬13座，蜀汉墓葬1座，六朝墓葬20座。

第五章　主要收获

糖坊墓群历经三次考古发掘，取得了重大收获，共发掘东汉到六朝墓葬34座，出土各类珍贵文物200余件。尤其是六朝墓保存较好，出土青瓷器器形丰富，制作精美，成为重庆三峡博物馆的重要馆藏。

在发掘墓葬中，以汉代墓葬分布最为广泛，出土随葬品数量多。汉代墓葬中仅见石室墓1座，其余为砖室墓，均为东汉墓葬。重庆地区东汉时期流行家族墓地，在埋葬习俗上有自己显著的特点：一是刀形砖室墓流行，即甬道位于墓室的一侧，呈不对称状；二是家族合葬墓中，同一家族多代人共同埋葬于同一座砖室墓的现象非常常见，这应为峡江地区特有的墓葬习俗。

蜀汉墓葬数量稀少，一方面与蜀汉存在时间短有关，另一方面可能与墓葬中缺乏纪年的明确标志物，导致蜀汉墓葬难以准确辨识。在2001CWTM10中出土"直百五铢"钱，随葬器物中仅见陶器，因此将此墓年代定为蜀汉。其他墓葬中发现"直百五铢"者，因为伴土青瓷器，时代就只能定为六朝。蜀汉作为本地区特有的时代，一定会产生本朝代所独有的特点，惜糖坊墓群中发现数量稀少，无法总结出规律性的特点。

在糖坊墓群中，发现六朝墓的数量达到20座，占比最高。显示这一地区在六朝时期持续稳定，人口变化不大，反映了峡江地区成为中原动荡后最好的避乱地，著名历史人物诸葛亮从山东、河南出发，经过南阳、襄阳、峡江地区，最后到达成都，这应该是历史时期非常多的流民避乱的重要通道。六朝时期墓葬绝大部分为砖室墓，家族墓地依然延续，但是葬俗变化较为显著，即东汉墓常见的多对个体的合葬演变为严格的一夫一妻合葬墓，不见多对个体共葬一处的情况。随葬品也发生了变化，多为青瓷器，制作精美，保存较好，表明六朝时期这一地区未受到朝代更替的影响，依然稳定，延续了东汉时期的繁荣。

随葬品方面，不见礼器组合和贵重器物，东汉墓以釜、甑、罐、壶、碗、囷以及陶模型为主，也有少量的铜器、铁器等，全部是生活用品，富有浓郁的生活气息，证明此处墓地的规格不高，距离城市较远，应是以家族为纽带的乡里。六朝时期，这种情况仍未改变，以壶、碗、盘等生活常用器为主。从瓷器的特征上看，与南京地区瓷器特点较为一致，应为长江上下游地区之间贸易的证明。

建筑墓葬的墓砖大而结实，虽然经过了2000多年的重压仍然较为结实，尤其是六朝时期的砖更为坚硬，保存较好。在留存的花纹砖中，汉代墓砖完整者十之一二，六朝的墓砖则为十之七八，其质量之好可见一斑。花纹砖除了常见的菱形花纹外，还常见钱文、富贵、车轮、马拉车、莲瓣纹等纹饰，在汉代墓葬中的车轮纹在六朝时期演变为莲花纹，反映出民间信仰习俗的改变，为峡江地区所独有的特点。

　　重庆万州糖坊墓群位于万州郊区，长江南岸，上游为忠县、丰都、涪陵、重庆，下游为云阳、奉节、巫山，共同组成了峡江地区，本地区内，汉代到六朝墓葬形制、随葬品组合、葬俗较为统一，糖坊墓群发掘的同时，上、下游地区均有考古发掘，文化面貌较为接近，一方面反映出汉代大一统国家形成后国家推行标准的统一；另一方面，峡江地区较为封闭，六朝时期受到战乱影响较小，经济文化繁荣。

　　山东博物馆考古研究部组建的考古队在2001年、2002年、2005年先后三次发掘重庆万州糖坊墓群，从最初的发掘到2023年出版正式考古报告已经超过了20年，物是人非，糖坊墓群随着三峡大坝蓄水已经淹没在江面以下。考古队员中，李大营在2004年因病去世，杨波2021年退休，肖贵田调动至山东大学博物馆，禚柏红调动至山东省文化和旅游厅行政许可处，惠夕平调动至郑州大学考古系，王元平、孙柱才、苏昭秀均已退休，只有于秋伟仍然在山东博物馆考古研究部工作，初步完成了文稿撰写工作，发掘报告整理面临着非常大的困难。感谢山东博物馆考古研究部的朱华、刘梦雨二人，朱华承担了报告第二章、第三章，刘梦雨完成了报告第一章，于秋伟完成了第四章、第五章的编写工作，才将此报告最终完成，谨向所有参与这项考古发掘、报告出版工作并付出辛劳和汗水的同志们表示崇高的敬意！是为记。

图　版

糖坊基群全景（由南向北）

糖坊墓群全景（由西向东）

1.罐（2001CWTM1：2）

2.罐（2001CWTM1：4）

3.罐（2001CWTM1：15）

4.罐（2001CWTM1：41）

5.钵（2001CWTM1：29）

6.钵（2001CWTM1：32）

糖坊墓群出土陶器

図版四

1. 钵（2001CWTM1：39）

2. 罐（2001CWTM1：13）

3. 罐（2001CWTM1：26）

4. 罐（2001CWTM1：50）

5. 壶（2001CWTM1：14、2001CWTM1：49）

6. 壶（2001CWTM1：35、2001CWTM1：37）

糖坊墓群出土陶器

1. 壶（2001CWTM1：53）

2. 瓿（2001CWTM1：38）

3. 瓿（2001CWTM1：42）

4. 杯（2001CWTM1：34）

5. 杯（2001CWTM1：43）

6. 魁（2001CWTM1：28）

糖坊墓群出土陶器

1. 熏炉（2001CWTM1：18）

2. 盆（2001CWTM1：8）

3. 盆（2001CWTM1：21）

4. 盘（2001CWTM1：20）

5. 盂（2001CWTM1：24）

6. 鼎（2001CWTM1：19）

糖坊墓群出土陶器

1.钵（2001CWTM2：12）

2.钵（2001CWTM2：20）

3.钵（2001CWTM2：49）

4.钵（2001CWTM2：62）

5.罐（2001CWTM2：27）

6.罐（2001CWTM2：17）

糖坊墓群出土陶器

1.罐（2001CWTM2：18）

2.罐（2001CWTM2：29）

3.罐（2001CWTM2：66）

4.壶（2001CWTM2：36、2001CWTM2：21）

5.杯（2001CWTM2：67）

6.魁（2001CWTM2：11）

糖坊墓群出土陶器

1. 魁（2001CWTM2：44）

2. 熏炉（2001CWTM2：34、2001CWTM2：14）

3. 熏炉（2001CWTM2：57、2001CWTM2：58）

4. 釜（2001CWTM2：26）

5. 釜（2001CWTM2：43）

6. 盂（2001CWTM2：52）

糖坊墓群出土陶器

1.灯（2001CWTM2：13）

2.灯（2001CWTM2：38）

3.罐（2001CWTM4：7）

4.盂（2001CWTM4：6）

5.壶（2001CWTM5：2）

6.壶（2001CWTM5：1）

糖坊墓群出土陶器

1.甑（2001CWTM5：5）

2.罐（2001CWTM5：3）

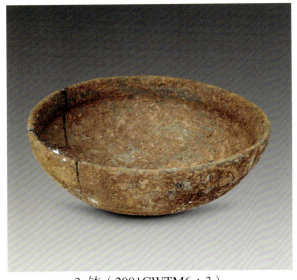

3.钵（2001CWTM6：3）

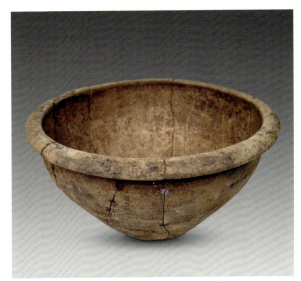

4.甑（2001CWTM6：1）

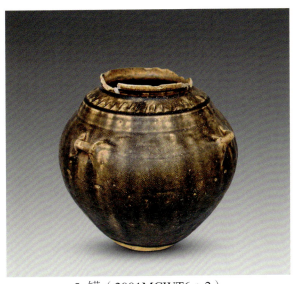

5.罐（2001MCWT6：2）

糖坊墓群出土陶器

图版一二

1. 2001CWTM6

2. 2001CWTM9

糖坊墓群墓葬场景

1.罐（2001CWTM9：10）

2.罐（2001CWTM9：13）

3.瓿（2001CWTM9：1）

4.魁（2001CWTM9：8）

5.盘（2001CWTM9：9）

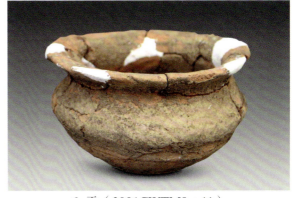

6.盂（2001CWTM9：11）

7.钵（2001CWTM9：7）

8.灯（2001CWTM9：4）

糖坊墓群出土陶器

1. 2001CWTM12

2. 2001CWTM12

糖坊墓群墓葬场景

1. 铜钱（2001CWTM12五铢钱）

2. 灰陶钵（2001CWTM12：6）

3. 红陶钵（2001CWTM12：21）

4. 陶盆（2001CWTM12：13）

5. 陶罐（2001CWTM12：14）

6. 陶罐（2001CWTM12：15）

7. 陶罐（2001CWTM12：11）

8. 陶罐（2001CWTM12：31）

糖坊墓群出土器物

1.壶（2001CWTM12：42）

2.甑（2001CWTM12：39）

3.杯（2001CWTM12：2）

4.杯（2001CWTM12：20）

5.魁（2001CWTM12：45）

6.魁（2001CWTM12：24）

糖坊墓群出土陶器

1. 熏炉（2001CWTM12：35）

2. 熏炉（2001CWTM12：22）

3. 熏炉（2001CWTM12：10）

4. 盂（2001CWTM12：38）

5. 盘（2001CWTM12：36）

6. 囷（2001CWTM12：12）

糖坊墓群出土陶器

1. 铜带钩（2001CWTM12：28）

2. 墓砖
（2001CWTM14墓砖）

3. 陶罐（2001CWTM14：3）

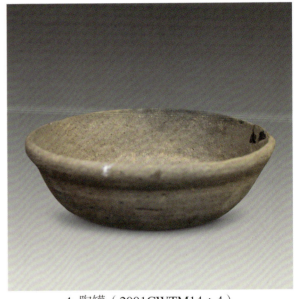

4. 陶罐（2001CWTM14：4）

5. 陶甑（2001CWTM14：1）

6. 陶釜（2001CWTM14：2）

糖坊墓群出土器物

1. 2001CWTM14

2. 2005CWTM11

糖坊墓群墓葬场景

1. 2005CWTM1券顶

2. 2005CWTM1

3. 2005CWTM1墓砖

糖坊墓群墓葬场景

1.壶（2005CWTM1：16）

2.壶（2005CWTM1：17）

3.壶（2005CWTM1：21）

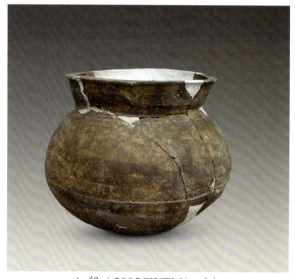

4.釜（2005CWTM1：3）

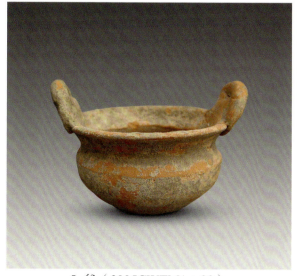

5.釜（2005CWTM1：23）

6.甑（2005CWTM1：20）

糖坊墓群出土陶器

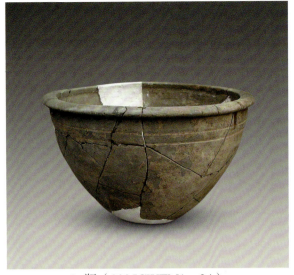

1. 甑（2005CWTM1：24）

2. 困（2005CWTM1：11）

3. 困（2005CWTM1：18）

4. 困（2005CWTM1：47）

5. 罐（2005CWTM1：10）

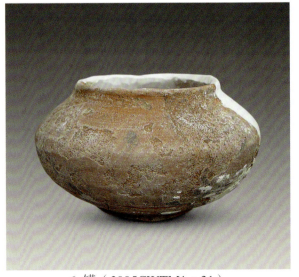

6. 罐（2005CWTM1：31）

糖坊墓群出土陶器

1. 罐（2005CWTM1∶34）

2. 钵（2005CWTM1∶29）

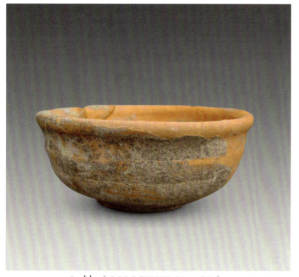

3. 钵（2005CWTM1∶37）

4. 碗（2005CWTM1∶30）

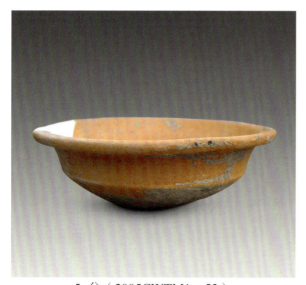

5. 盆（2005CWTM1∶52）

6. 盘（2005CWTM1∶27）

糖坊墓群出土陶器

1.盂（2005CWTM1：48）

2.熏炉（2005CWTM1：38）

3.熏炉（2005CWTM1：39）

4.魁（2005CWTM1：19）

5.魁（2005CWTM1：25）

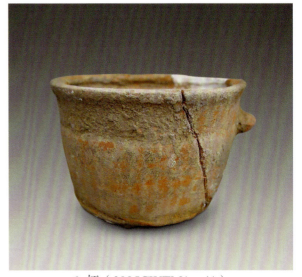

6.杯（2005CWTM1：41）

糖坊墓群出土陶器

1. 俑（2005CWTM1：22）

2. 俑（2005CWTM1：49）

3. 狗（2005CWTM1：9）

4. 狗（2005CWTM1：9）

5. 鸡（2005CWTM1：12）

6. 鸡（2005CWTM1：12）

糖坊墓群出土陶器

1. 陶镇墓兽（2005CWTM1：50）

2. 银指环（2005CWTM1：1）

3. 陶罐（2005CWTM10：4）

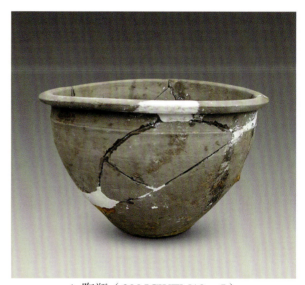

4. 陶瓿（2005CWTM10：5）

5. 铜盆（2005CWTM10：3）

6. 琉璃耳珰（2005CWTM10：1）

糖坊墓群出土器物

1. 2005CWTM10券顶

2. 2005CWTM10

糖坊墓群墓葬场景

1. 摇钱树座（2005CWTM11：2）

2. 摇钱树座（2005CWTM11：2）

3. 楼（2005CWTM11：5）

4. 楼（2005CWTM11：7）

5. 楼（2005CWTM11：27）

6. 水塘（2005CWTM11：29）

糖坊墓群出土陶器

1. 壶（2005CWTM11：4）

2. 壶（2005CWTM11：18）

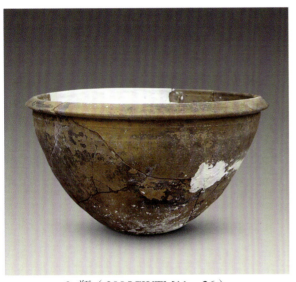

3. 甑（2005CWTM11：26）

4. 罐（2005CWTM11：23）

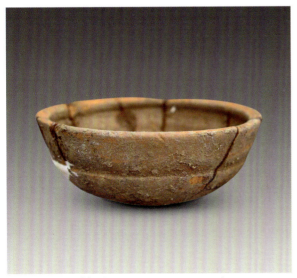

5. 钵（2005CWTM11：16）

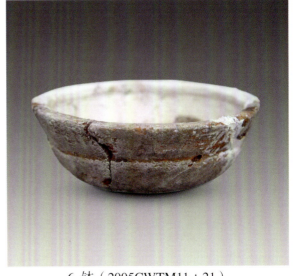

6. 钵（2005CWTM11：21）

糖坊墓群出土陶器

1. 陶钵（2005CWTM11：24）

2. 陶魁（2005CWTM11：15）

3. 陶熏炉（2005CWTM11：20）

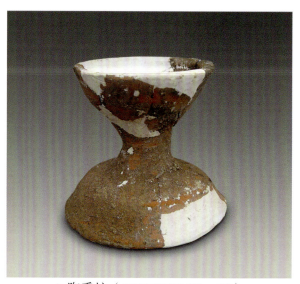

4. 陶熏炉（2005CWTM11：22）

5. 铜摇钱树干、树叶（2005CWTM11：1）

6. 铜摇钱树干、树叶（2005CWTM11：1）

糖坊墓群出土器物

1. 人俑（2005CWTM11：13）

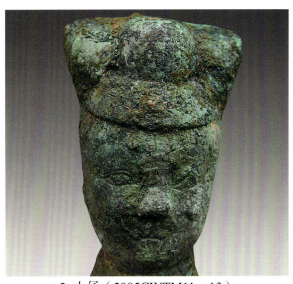

2. 人俑（2005CWTM11：13）

3. 人俑（2005CWTM11：8）

4. 人俑（2005CWTM11：8）

5. 器足（2005CWTM11：3）

6. 耳杯（2005CWTM11：11）

糖坊墓群出土铜器

1. 铜耳杯（2005CWTM11：12）

2. 铜耳杯（2005CWTM11：14）

3. 铜钱（2005CWTM11铜钱）

4. 陶摇钱树座（2005CWTM12：4）

5. 陶摇钱树座（2005CWTM12：4）

6. 陶摇钱树座（2005CWTM12：4）

糖坊墓群出土器物

1. 2005CWTM12

2. 2001CWTM13

3. 2001CWTM10

4. 2001CWTM16

糖坊墓群墓葬场景

1. 2005CWTM12墓砖

2. 2001CWTM15墓砖

3. 2001CWTM16墓砖

4. 2002CWTM2墓砖

5. 2002CWTM5墓砖

6. 2002CWTM10墓砖

糖坊墓群墓葬墓砖

1. 陶罐（2005CWTM12：3）

2. 陶熏炉（2005CWTM12：5）

3. 铜耳杯（2005CWTM12：2）

4. 陶罐（2001CWTM13：1）

5. 陶钵（2001CWTM13：10）

6. 陶杯（2001CWTM13：8）

糖坊墓群出土器物

1. 陶壶（2001CWTM13：6）

2. 铜钱（2001CWTM13五铢钱）

3. 陶钵（2001CWTM10：27）

4. 陶钵（2001CWTM10：21）

5. 陶罐（2001CWTM10：24）

6. 陶罐（2001CWTM10：32）

糖坊墓群出土器物

1.罐（2001CWTM10：23）

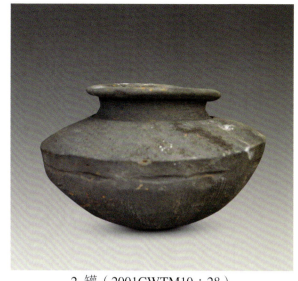

2.罐（2001CWTM10：28）

3.壶（2001CWTM10：19）

4.杯（2001CWTM10：4）

5.杯（2001CWTM10：5）

6.魁（2001CWTM10：30）

糖坊墓群出土陶器

1. 熏炉（2001CWTM10：3）

2. 瓿（2001CWTM10：29）

3. 盂（2001CWTM10：15）

4. 器盖（2001CWTM10：20）

5. 俑（2001CWTM10：7）

6. 俑（2001CWTM10：8）

糖坊墓群出土陶器

1. 陶俑（2001CWTM10：9）

2. 陶俑（2001CWTM10：13）

3. 铜钱（2001CWT铜钱）

4. 瓷盘口壶（2001CWTM15：8）

5. 瓷四系罐（2001CWTM15：1）

6. 瓷碗（2001CWTM15：2）

糖坊墓群出土器物

1. 2001CWTM15

2. 2002CWTM1

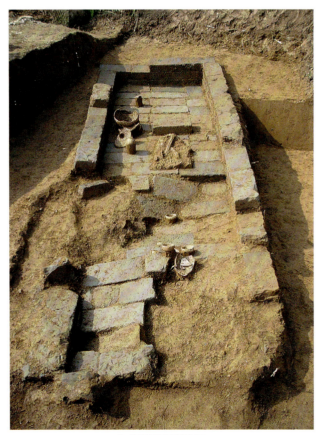

3. 2002CWTM2

4. 2002CWTM4

糖坊墓群墓葬场景

1. 瓷碗（2001CWTM15：5）

2. 瓷碗（2001CWTM15：3）

3. 瓷碗（2001CWTM15：7）

4. 瓷盘（2001CWTM15：4）

5. 陶俑（2001CWTM15：6）

6. 瓷罐（2001CWTM16：5）

糖坊墓群出土器物

1. 碗（2001CWTM16：1）

2. 碗（2001CWTM16：6）

3. 碗（2001CWTM16：4）

4. 碗（2001CWTM16：3）

5. 壶（2002CWTM1：1）

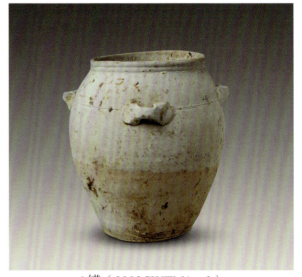

6. 罐（2002CWTM1：3）

糖坊墓群出土瓷器

1. 瓷罐（2002CWTM1：14）

2. 瓷碗（2002CWTM1：7）

3. 瓷碗（2002CWTM1：10）

4. 瓷碗（2002CWTM1：11）

5. 瓷碗（2002CWTM1：17）

6. 陶罐（2002CWTM1：4）

糖坊墓群出土器物

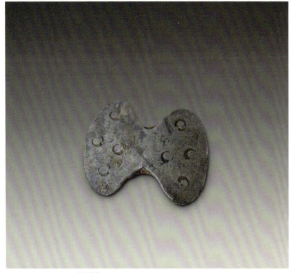

1. 银饰（2002CWTM1：19）

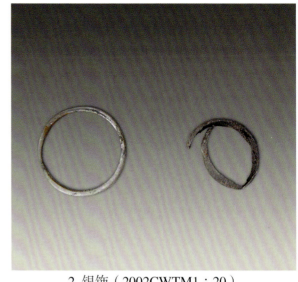

2. 银饰（2002CWTM1：20）

3. 银泡（2002CWTM1：21）

4. 石饰品（2002CWTM1：22）

5. 瓷鸡首壶（2002CWTM2：8）

6. 瓷碗（2002CWTM2：1）

糖坊墓群出土器物

1.碗（2002CWTM4：1）

2.碗（2002CWTM4：3）

3.鸡首壶（2002CWTM5：4）

4.鸡首壶（2002CWTM5：4）

5.盘口壶（2002CWTM5：12）

6.壶（2002CWTM5：2）

糖坊墓群出土瓷器

1. 2002CWTM5

2. 2002CWTM6

3. 2002CWTM7

4. 2002CWTM8

糖坊墓群墓葬场景

1.壶（2002CWTM5：11）

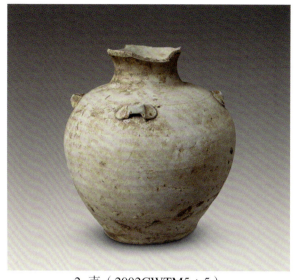

2.壶（2002CWTM5：5）

3.罐（2002CWTM5：1）

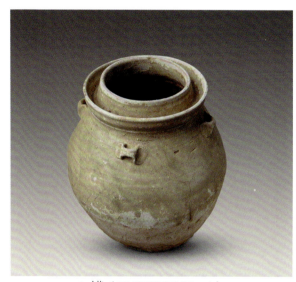

4.罐（2002CWTM5：1）

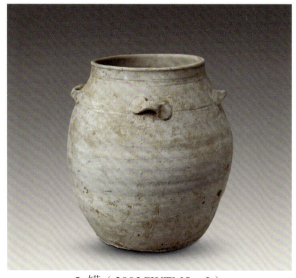

5.罐（2002CWTM5：3）

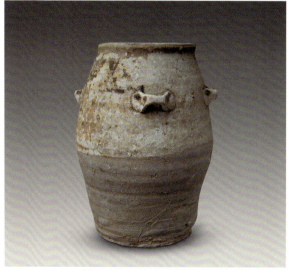

6.罐（2002CWTM5：10）

糖坊墓群出土瓷器

1. 瓷碗（2002CWTM5：15）

2. 瓷碗（2002CWTM5：17）

3. 瓷碗（2002CWTM5：19）

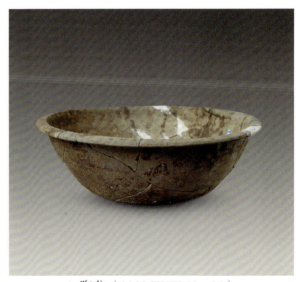

4. 陶盆（2002CWTM5：34）

5. 陶盆（2002CWTM5：16）

6. 陶罐（2002CWTM5：6）

糖坊墓群出土器物

1. 陶罐（2002CWTM5：8）

2. 陶罐（2002CWTM5：9）

3. 瓷鸡首壶（2002CWTM6：24）

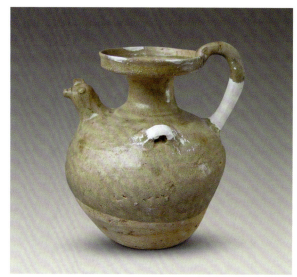

4. 瓷鸡首壶（2002CWTM6：63）

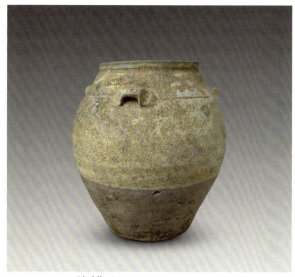

5. 瓷罐（2002CWTM6：25）

6. 瓷罐（2002CWTM6：55）

糖坊墓群出土器物

1. 2002CWTM6：55

2. 2002CWTM6：56

3. 200CWTM6：57

4. 2002CWTM6：59

5. 2002CWTM6：64

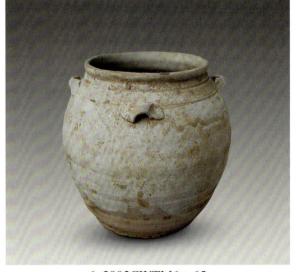

6. 2002CWTM6：65

糖坊墓群出土瓷罐

1. 带盖钵（2002CWTM6：8）

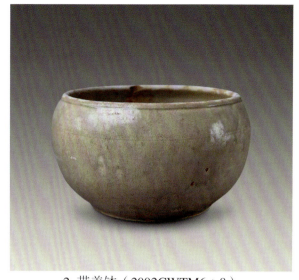

2. 带盖钵（2002CWTM6：8）

3. 盘口壶（2002CWTM6：40）

4. 盘口壶（2002CWTM6：41）

5. 盘口壶（2002CWTM6：58）

6. 碗（2002CWTM6：12）

糖坊墓群出土瓷器

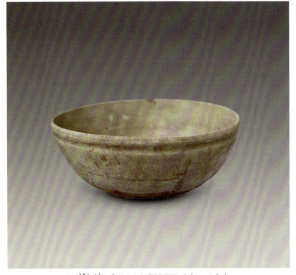

1. 瓷碗（2002CWTM6：13）

2. 瓷碗（2002CWTM6：14）

3. 瓷碗（2002CWTM6：16）

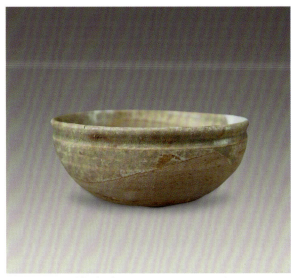

4. 瓷碗（2002CWTM6：29）

5. 陶壶（2002CWTM6：27）

6. 陶罐（2002CWTM6：28）

糖坊墓群出土器物

1. 陶罐（2002CWTM6：62）

2. 陶罐（2002CWTM6：66）

3. 铁削环（2002CWTM6：67）

4. 金饰品（2002CWTM6：1）

5. 石饰品（2002CWTM6：2）

6. 石饰品（2002CWTM6：2）

糖坊墓群出土器物

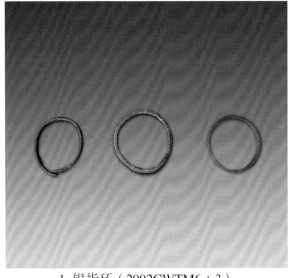

1.银指环（2002CWTM6：3）

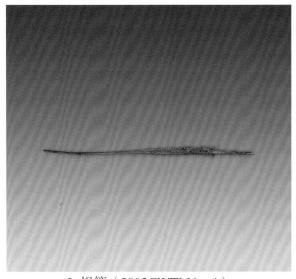

2.银簪（2002CWTM6：4）

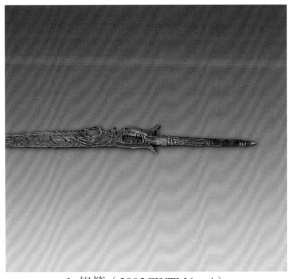

3.银簪（2002CWTM6：4）

4.银饰品（2002CWTM6：5）

5.银饰品（2002CWTM6：5）

6.锡兽（2002CWTM6：6）

糖坊墓群出土器物

1. 锡兽（2002CWTM6：6）

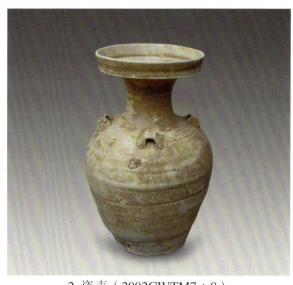

2. 瓷壶（2002CWTM7：8）

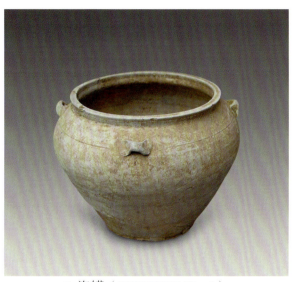

3. 瓷罐（2002CWTM7：6）

4. 瓷罐（2002CWTM7：7）

5. 瓷碗（2002CWTM7：2）

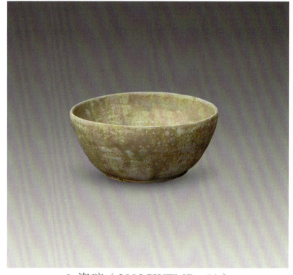

6. 瓷碗（2002CWTM7：11）

糖坊墓群出土器物

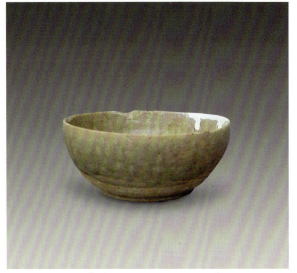

1. 碗（2002CWTM7：16）

2. 碗（2002CWTM7：16）

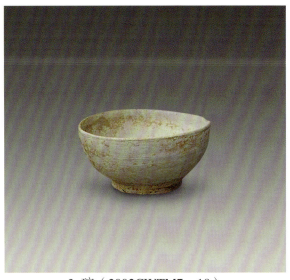

3. 碗（2002CWTM7：18）

4. 盘口壶（2002CWTM8：6）

5. 盘口壶（2002CWTM8：7）

6. 盘口壶（2002CWTM8：7）

糖坊墓群出土瓷器

1. 2002CWTM8墓砖

2. 2005CWTM2墓砖

3. 2005CWTM6墓砖

4. 墓砖

糖坊墓群墓葬墓砖

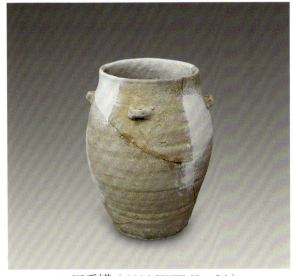

1. 四系罐（2002CWTM8：26）

2. 碗（2002CWTM8：1）

3. 碗（2002CWTM8：2）

4. 碗（2002CWTM8：3）

5. 碗（2002CWTM8：8）

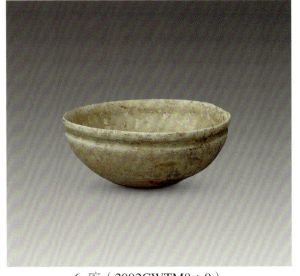

6. 碗（2002CWTM8：9）

糖坊墓群出土瓷器

1. 瓷碗（2002CWTM8：10）

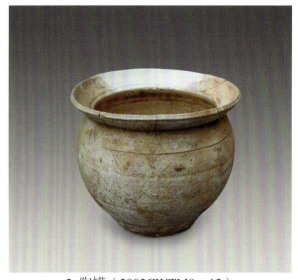

2. 陶罐（2002CWTM8：12）

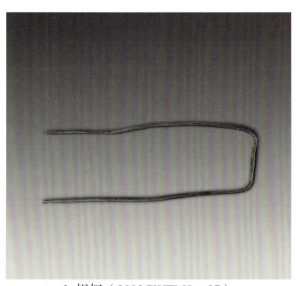

3. 银钗（2002CWTM8：27）

4. 瓷壶（2002CWTM10：10）

5. 瓷罐（2002CWTM10：12）

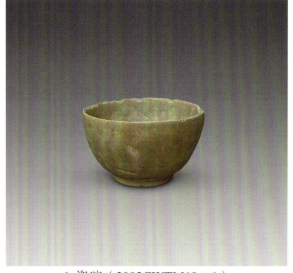

6. 瓷碗（2002CWTM10：1）

糖坊墓群出土器物

1. 2002CWTM10

2. 2005CWTM2

3. 2005CWTM6

4. 2005CWTM7

糖坊墓群墓葬场景

1. 瓷碗（2002CWTM10：2）

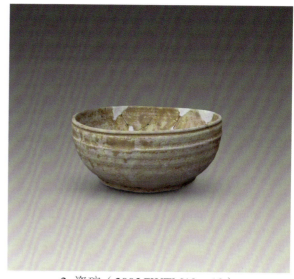

2. 瓷碗（2002CWTM10：13）

3. 瓷盘（2002CWTM10：8）

4. 陶釜（2002CWTM10：11）

5. 陶壶盖（2002CWTM10：15）

6. 陶甑（2002CWTM10：16）

糖坊墓群出土器物

1. 陶甂（2002CWTM10：16）

2. 陶钵（2002CWTM10：17）

3. 铁钉（2002CWTM10：14）

4. 琉璃耳珰（2002CWTM10：19）

5. 瓷盘口壶（2005CWTM2：11）

6. 瓷盘口壶（2005CWTM2：19）

糖坊墓群出土器物

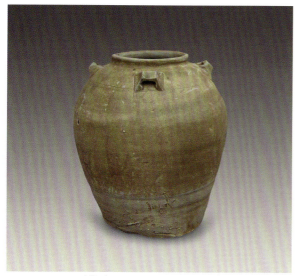

1. 罐（2005CWTM5：12）

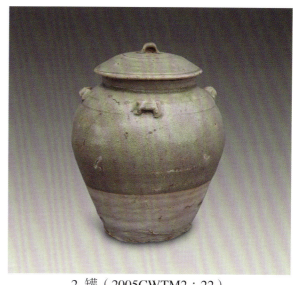

2. 罐（2005CWTM2：22）

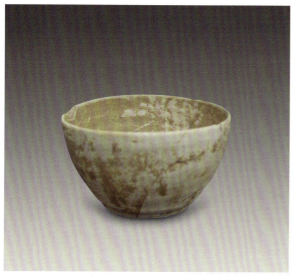

3. 碗（2005CWTM2：9）

4. 碗（2005CWTM2：15）

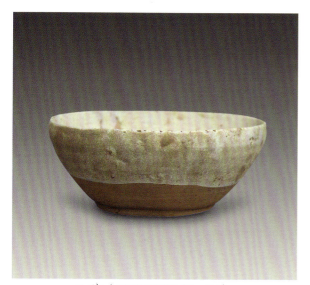

5. 碗（2005CWTM2：24）

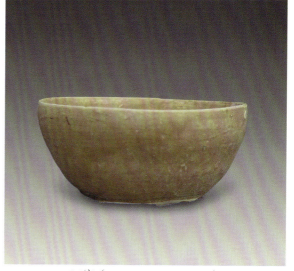

6. 碗（2005CWTM2：25）

糖坊墓群出土瓷器

1. 瓷盘（2005CWTM2：21）

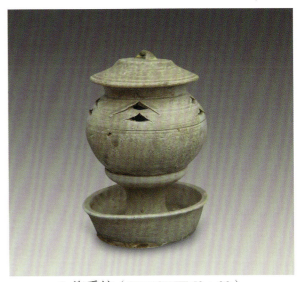

2. 瓷熏炉（2005CWTM2：20）

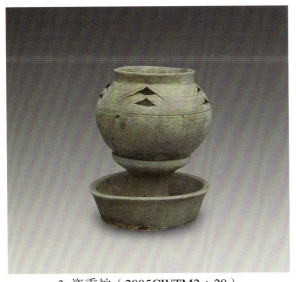

3. 瓷熏炉（2005CWTM2：20）

4. 陶釜（2005CWTM2：18）

5. 银镯（2005CWTM2：2）

6. 铜镯（2005CWTM2：3）

糖坊墓群出土器物

1. 铁剪（2005CWTM2：4）

2. 铜镜（2005CWTM2：5）

3. 铜钱（2005CWTM2五铢钱）

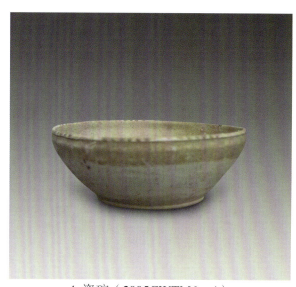

4. 瓷碗（2005CWTM6：4）

5. 瓷碗（2005CWTM6：8）

6. 瓷碗（2005CWTM6：13）

糖坊墓群出土器物

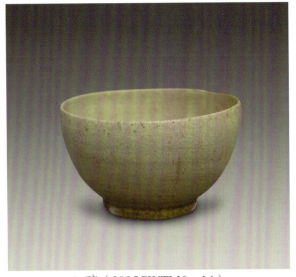

1. 碗（2005CWTM6：14）

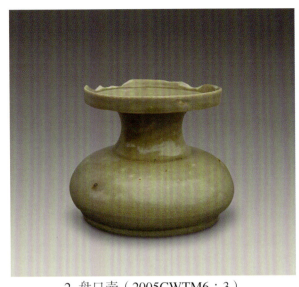

2. 盘口壶（2005CWTM6：3）

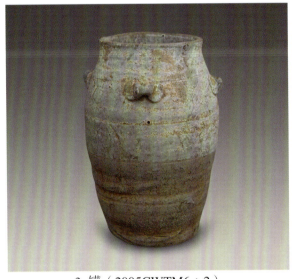

3. 罐（2005CWTM6：2）

4. 罐（2005CWTM6：16）

5. 罐（2005CWTM6：22）

6. 器盖（2005CWTM6：24）

糖坊墓群出土瓷器

1. 陶罐（2005CWTM6：6）

2. 瓷盘口壶（2005CWTM7：19）

3. 瓷罐（2005CWTM7：1）

4. 瓷罐（2005CWTM7：17）

5. 瓷碗（2005CWTM7：9）

6. 瓷盘（2005CWTM7：15）

糖坊墓群出土器物

1. 铜镯（2005CWTM7：18）

2. 鎏金饰件（2005CWTM7：24）

3. 瓷碗（2005CWTM8：1）

4. 瓷碗（2005CWTM8：2）

5. 瓷盘（2005CWTM8：6）

糖坊墓群出土器物

1. 2005CWTM8

2. 2005CWTM9

3. 2001CWTM7

糖坊墓群墓葬场景

1. 瓷盘口壶（2005CWTM9：11）

2. 瓷罐（2005CWTM9：12）

3. 瓷碗（2005CWTM9：2）

4. 瓷碗（2005CWTM9：4）

5. 瓷碗（2005CWTM9：14）

6. 陶罐（2005CWTM9：13）

糖坊墓群出土器物

1. 铜箭镞（2005CWTM9：1）

2. 铁三足盘（2005CWTM9：18）

3. 瓷六系罐（2001CWTM7：7）

4. 瓷罐（2001CWTM7：4）

5. 瓷罐（2001CWTM7：6）

6. 瓷罐（2001CWTM7：5）

糖坊墓群出土器物

1.唾壶（2001CWTM7：22）

2.碗（2001CWTM7：16）

3.碗（2001CWTM7：14）

4.碗（2001CWTM7：19）

5.盘（2001CWTM7：15）

6.六足砚（2001CWTM7：1）

糖坊墓群出土瓷器

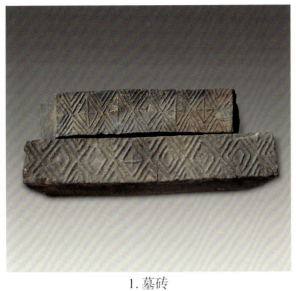

1. 墓砖

2. 墓砖

3. 墓砖

4. 墓砖

5. 墓砖

6. 墓砖

糖坊墓群墓葬墓砖

1. 工作照

2. 工作照

糖坊墓群发掘整理工作照

1.工作照

2.工作照

糖坊墓群发掘工作照

糖坊墓群发掘工作照

1. 工作照

2. 工作照

糖坊墓群发掘工作照

www.sciencep.com
(K-3848.01)

ISBN 978-7-03-076122-4

9 787030 761224 >

定 价：280.00元